新时代信息素养
教育理论与实践研究

王倩丽 著

西北大学出版社
·西安·

图书在版编目（CIP）数据

新时代信息素养教育理论与实践研究 / 王倩丽著. -- 西安：西北大学出版社，2024.7. -- ISBN 978-7-5604-5445-0

Ⅰ.G254.97

中国国家版本馆 CIP 数据核字第 2024MX8947 号

新时代信息素养教育理论与实践研究
XINSHIDAI XINXI SUYANG JIAOYU LILUN YU SHIJIAN YANJIU

王倩丽　著

出版发行　西北大学出版社
（西北大学校内　邮编：710069　电话：029-88302621　88303404）
http://nwupress.nwu.edu.cn　　E-mail: xdpress@nwu.edu.cn

经　销	全国新华书店	
印　刷	西安博睿印刷有限公司	
开　本	787 毫米×1092 毫米　1/16	
印　张	13.25	
版　次	2024 年 7 月第 1 版	
印　次	2024 年 7 月第 1 次印刷	
字　数	178 千字	
书　号	ISBN 978-7-5604-5445-0	
定　价	58.00 元	

本版图书如有印装质量问题，请拨打 029-88302966 予以调换。

前　言

近年来，以 ChatGPT 为代表的新一代人工智能生成内容（AIGC）技术异军突起，其迅猛的发展态势引起了社会各界的广泛关注。展望未来，智能技术驱动的搜索与问答系统将极大简化信息查询过程，为用户带来前所未有的便捷体验。基于大数据分析的检索结果选择和评估将变得更为科学和客观，为用户提供更为精准的信息服务。结合深度学习和自然语言处理的智能文本生成技术，为信息整合和应用提供了有力支持，进一步丰富了信息利用的形式和内涵。人工智能工具改变了知识的生产方式、用户获取知识和信息的方式。随着互联网的高速发展以及新兴技术的不断涌现，人类社会进入了全新的信息环境——信息泛在时代。面对日益复杂的信息生态环境，信息呈现爆炸式增长、信息过载、信息形式的多样化、信息质量的差异等诸多问题，信息素养成为每个公民适应新的信息时代必备的基本素养。信息素养也是评价大学生综合素质的一项重要指标，将贯穿于大学生自主学习与终身学习的新型学习模式中。信息素养是大学生适应信息社会的基本能力，也关系到整个人类社会的进步与发展。在数智时代背景下，高质量的信息素养教育将承担新的使命。人们不仅需要具备迅速筛选和获取信息的能力、准确鉴别信息真伪的技巧，能够创造性地进行信息的加工和处理，而且需要积极探索如何借助新型智能工具实现高效的人机交互协作，如何利用智能技术培养批判性思维、专业探究和创新应用等复杂思维和高阶认知能力。此外，要关注智能环境下的信息风险和科研伦理问题，从而更好地应对信息时代带来的挑战和机遇。

《21世纪技能框架》把信息素养、媒介素养、数字素养视为技术基础，将批判性思维和问题解决、交流与合作、创造与革新作为关键能力的精神内核，将信息素养融入其他课程教学中，培养学生的主动性和自我导向的生活与职业技能。2015年美国大学与研究图书馆协会颁布的《高等教育信息素养框架》以元素养为核心，强调以学生为主体的批判性思维、交流协作能力、信息分享能力的培养。20世纪80年代以来，信息素养教育从高校图书馆开设的"文献检索""信息检索"等课程开始。随着信息生态环境的变化和信息素养教育实践的不断发展和积累，信息素养教育逐渐从文献检索技能转向多元素养、批判性思维、创新思维和终身学习能力的培养。

本书结合当前信息素养教育现状、发展趋势，总结编者多年来信息素养教育教学心得、教学实践经验以及研究成果所积累的素材编写而成，展现近年来国内信息素养教学科研新成果。本书主要有以下几个特点。

转变教学目标

传统的信息素养教育目标以提升文献检索能力为中心，大多局限于图书馆资源利用、技能培养等方面的内容；新时代信息素养教育目标应重视学生的主体作用，培养学生的信息活动实践、人工智能技能、终身学习和思维习惯等方面的综合能力，将信息素养教育贯穿于信息活动的全过程。

重构教学内容

现有的教材内容多与信息检索相关，教材和教学内容更新缓慢，教材设计总体上缺乏体系，无法满足学生需求，学生参与度低。高校信息素养教育内容设计应强调学生的主体作用,将学生的专业发展需求与研究创新活动相结合,营造参与式的信息环境,形成信息协作与共享意识,支持协作式学习,加强对多样化信息资源、信息分析、信息组织、信息价值评估、信息伦理、人工智能素养技能等教育内容的研究和设计。

创新教学模式

信息素养从单一的文献检索课程转变为多元化的教学模式,由传统转向数字化,如慕课、翻转课堂以及嵌入式教育。本书对国内现有信息素养MOOC教学设计进行分析,研究现有信息素养MOOC教学设计具有的特点以及存在的问题;对慕课、翻转课堂以及嵌入式教育的教学方法、课程情况、教学目标、教学设计、考核方式等进行研究,体现了信息素养教育教学方法的最新研究成果。

加强理论与实践结合

作者对清华大学双向度探索的信息素养教育体系、北京大学带班图书馆员信息素养教育体系、上海纽约大学AI时代的数据素养教育体系、浙江大学支撑通识教育的泛信息素养体系和西安交通大学面向知识产权信息素养体系等系列信息素养教育典型案例进行研究,反映当前信息素养教育教学方式、课程设置和培训研究的新趋势和新特色,全面展示当代信息素养教育的最新理论探索、实践应用和研究成果。

本书共包括6个章节内容。第1章从信息素养概述、《高等教育信息素养框架》诠释、信息素养与数字素养以及信息素养与批判性思维4个方面论述信息素养新型多元素养的内涵,诠释了《高等教育信息素养框架》,讨论了信息素养与元素养、信息素养与终身学习、信息素养与数字素养、信息素养与批判性思维的重要性,以及对国外高校信息素养教育中批判性思维培养现状进行了分析,提出对国内信息素养教育中批判性思维培养的思考与建议。第2章分析了数智时代背景下,信息素养教育面临的机遇与挑战,提出高校图书馆信息素养教育工作者承担着新的角色和责任;通过对国外高校信息素养教育规划进行研究分析,探讨其对国内高校信息素养教育的启示;通过对国内高校信息素养教育现状和呈现的特点进行分析,总结对国内高校信息素养教育现状的思考和对策;阐述了数智时代信息素养教育的新目标,构建融入人工智能素养的信息素养教育内容体系,提升师生对人工智能认知的理解、人工智能工具的使用、人工智能意识的培养以及对社会、伦理影响的理解和思考;重点概述了信息素养教育内容、教育模式以及成效评价。第3章从信息概述、信息检索概述、学术搜索引擎、中外文学术信息资源数据库、学术发现系统、共建共享资源、开放获取资源7个方面论述了信息的概念、信息资源及其分类、信息检索基本原理、检索类型、检索语言、检索效果评价指标以及多渠道获取学术数字资源的检索系统的应用。第4章人工智能素养教育探索概述了人工智能素养的演变历程及其内涵、人工智能大语言模型的主要功能和工具介绍;系统地介绍了乔哈里沟通模型理论;论述了大语言模型助力学习、工作与科研的实际应用以及大语言模型的局限性与对策。第5章从慕课、翻转课堂以及嵌入式信息素养教育3个方面概述了信息素养教育教学方法,体现了当代信息素养教育教学呈现的新特点;介绍了慕课的内涵、发展历程以及特征,翻转课堂及其特征以及嵌入式信息素养教育的概念;调研分析了国内现有信息素养MOOC教学设计状况,发现现有信息素养教育呈现的特点以及存在的问题;列举了杭州师范大学和西安航空学院翻转课堂案例、清华大学嵌入专业课教学和南方科技大学嵌入学术写作课程教学案例。第6章介绍了清华大学双向度探索的信息素养教育体系、北京大学带班图书馆员信息素养教育体系、上海纽约大学AI时代的数据素养教育体系、浙江大学支撑通识教育的泛信息素养体系和西安交通大学面向知识产权信息素养体系等系列信息素养教育案例，充分展示当代信息素养教育领域的最新理论成果和实践研究成果，如构建双向度探索的信息素养教育教学体系、全程融入式的"带班图书馆员"、形成人工智能时代的数据素养教育体系、支撑通识教育的泛信息素养改革与实践以及面向知识产权全流程的信息素养教育体系，从案例背景、案例前期调研、案例设计、案例实施过程、信息素养教育目标、教育形式、教育教学覆盖面、案例创新点、服务成效以及经验与启示等多个方面详细地描述了信息素养教育教学的组织过程，以期对高校信息素养教育教学提供宝贵的参考建议。

在本书的策划和编写过程中，作者研读了大量的图书情报界与信息技术领域的专业文献，借鉴了相关的著作、学术论文以及大规模在线开放课程（MOOC）、网络平台、CSDN、专业论坛等资料和内容，在此表示衷心感谢！在本书的撰写过程中，西安航空学院图书馆的领导、同事以及来自行业的专家们给予了宝贵的意见和建议，他们的支持对本书的完成起到了重要的推动作用。

最终，鉴于信息资源和检索技术的持续丰富与不断革新以及信息素养内涵的日益深化，尽管编者已竭尽所能，但由于学识和水平所限，本书中难免存在疏漏和不足。我们真诚地希望读者能够提出宝贵的批评和建议，帮助我们不断完善和改进。

著　者

2024 年 5 月

目录

第1章 信息素养 1
1.1 信息素养概述 1
1.1.1 信息素养的概念 1
1.1.2 信息素养的基本内涵 3
1.1.3 信息素养与元素养 4
1.1.4 信息素养与终身学习 5
1.2 《高等教育信息素养框架》诠释 6
1.2.1 《框架》的基本内容与特征 7
1.2.2 《框架》的基本理念 8
1.3 信息素养与数字素养 9
1.4 信息素养与批判性思维 11
1.4.1 批判性思维的概念及意义 11
1.4.2 信息素养与批判性思维的关系 13
1.4.3 高校信息素养教育中批判性思维培养现状 15

第2章 数智时代信息素养教育 20
2.1 机遇与挑战 21
2.2 国内外高校信息素养教育规划和现状研究 24
2.2.1 国外高校信息素养教育规划研究 24
2.2.2 国内高校信息素养教育现状研究 29

- 2.3 信息素养教育新目标 ················· 38
- 2.4 信息素养教育内容 ··················· 41
- 2.5 信息素养教育模式 ··················· 42
  - 2.5.1 通识教育 ······················ 44
  - 2.5.2 嵌入式教育 ···················· 45
  - 2.5.3 在线教育 ······················ 48
  - 2.5.4 江苏大学"塔式"信息素养教育创新模式案例 ········ 52
- 2.6 信息素养教育成效评价 ··············· 54

第3章 信息检索与获取渠道 56

- 3.1 信息概述 ························· 57
  - 3.1.1 信息、知识、文献、情报 ············ 57
  - 3.1.2 信息资源及其分类 ················ 59
- 3.2 信息检索概述 ······················ 64
  - 3.2.1 信息检索基本原理 ················ 65
  - 3.2.2 信息检索类型 ··················· 67
  - 3.2.3 信息检索语言 ··················· 68
  - 3.2.4 信息检索效果评价指标 ············· 72
- 3.3 学术搜索引擎 ······················ 74
  - 3.3.1 百度学术搜索 ··················· 74
  - 3.3.2 必应学术搜索引擎 ················ 75
  - 3.3.3 读秀学术搜索 ··················· 76
- 3.4 学术信息资源数据库 ················· 81
  - 3.4.1 中文信息资源数据库 ··············· 81
  - 3.4.2 外文信息资源数据库 ··············· 88
- 3.5 学术发现系统 ······················ 89

  3.5.1 超星发现系统 ······ 89
  3.5.2 新知学术发现系统 ······ 92
 3.6 共建共享资源 ······ 94
  3.6.1 中国高等教育文献保障系统（CALIS）······ 94
  3.6.2 中国高校人文社会科学文献中心（CASHL）······ 101
  3.6.3 大学数字图书馆国际合作计划（CADAL）······ 104
  3.6.4 国家科技图书文献中心（NSTL）······ 106
 3.7 开放获取资源 ······ 108

第4章 人工智能素养教育探索 ······ 111

 4.1 人工智能素养的演变历程 ······ 112
 4.2 人工智能素养的内涵 ······ 113
 4.3 人工智能大语言模型 ······ 115
  4.3.1 人工智能大语言模型的主要功能 ······ 116
  4.3.2 人工智能大语言模型工具介绍 ······ 118
 4.4 人工智能大语言模型检索 ······ 126
  4.4.1 大语言模型如何 chat? ······ 126
  4.4.2 大语言模型检索技巧 ······ 131
  4.4.3 生成式人工智能（AIGC）检索 ······ 132
 4.5 大语言模型助力学习、工作与科研 ······ 137
  4.5.1 生成程序 ······ 137
  4.5.2 撰写教案 ······ 137
  4.5.3 生成文稿、模仿文风 ······ 138
  4.5.4 学术论文写作应用 ······ 140
  4.5.5 助力科研 ······ 144
 4.6 大语言模型的局限性与对策 ······ 148

第5章 信息素养教育教学方法研究 …… 149

5.1 慕课 …… 149
5.1.1 慕课的内涵及意义 …… 149
5.1.2 慕课的发展历程 …… 151
5.1.3 慕课的特征 …… 153
5.1.4 国内现有信息素养MOOC教学设计分析 …… 154

5.2 翻转课堂 …… 162
5.2.1 翻转课堂概述 …… 162
5.2.2 翻转课堂的特征 …… 164
5.2.3 杭州师范大学医学文献管理与信息分析翻转课堂案例 …… 165
5.2.4 西安航空学院信息检索与利用翻转课堂应用案例 …… 168

5.3 嵌入式信息素养教育 …… 174
5.3.1 嵌入式信息素养教育的概念 …… 174
5.3.2 以清华大学嵌入"工业工程概论"课为例 …… 175
5.3.3 以南方科技大学嵌入学术写作课程为例 …… 176

第6章 系列信息素养教育体系案例 …… 178

6.1 清华大学双向度探索的信息素养教育体系 …… 178
6.2 北京大学带班图书馆员信息素养教育体系 …… 183
6.3 上海纽约大学AI时代的数据素养教育体系 …… 186
6.4 浙江大学支撑通识教育的泛信息素养体系 …… 189
6.5 西安交通大学面向知识产权信息素养体系 …… 193

参考文献 …… 196

第 1 章 信息素养

1.1 信息素养概述

数智时代,新兴技术的出现以及互联网的迅速发展使人类社会进入了全新的信息环境——信息泛在时代。面对日益复杂的信息生态环境,信息呈现爆炸式增长、信息过载、信息形式的多样化、信息质量的差异等诸多问题,信息素养成为每个公民适应新的信息时代必备的基本素养。信息素养也是评价大学生综合素质的一项重要指标,将贯穿于大学生自主学习与终身学习的新型学习模式中。信息素养是大学生适应信息社会的基本能力,也关系到整个人类社会的进步与发展。因此,信息素养以及信息素养教育逐渐受到社会各界的关注与重视。

1.1.1 信息素养的概念

信息素养(information literacy)也称"信息素质",这两个词在国内学术期刊的使用频率基本相同。"素养"一词强调经过后天的学习和努力所具备的能力,含有动态发展的概念;而"素质"则倾向于完成某种工作所具备的本来的特质等基本品质,含有静态的意思。信息素养是一个动态发展的、综合性的概念，众多学者基于不同的视角、不同的立场，对信息素养有不同的定义。1974年美国信息产业协会主席泽考斯基率先提出了信息素养这一概念，并将信息素养定义为"利用许多信息工具及主要信息源解决问题的技能"。1989年美国图书馆协会在"信息素养总统委员会"年度报告中将信息素养定义为：具有信息素养的人，能够意识到何时需要信息并能高效查找、评价和利用所需信息的能力。2003年《布拉格宣言》中将信息素养定义为"确定、查找、评估、组织和有效地生产、使用和交流信息来解决问题的能力"。2015年美国大学与研究图书馆协会（ACRL）发布的《高等教育信息素养框架》定义信息素养为"包括对信息的反思性发现，对信息如何产生和评价的理解，以及利用信息创造新知识并合理参与学习团体的一组综合能力"。新框架的定义大大延伸了信息素养内涵式发展，基于元素养的核心理念，特别强调元认知或批判式反省，它将信息、研究和学术相关概念和理念融汇成一个连贯的整体；在学习、教学研究中协同合作，让学生参与到教学研究中；在学生学习、教与学以及学习评估中开展更广泛的对话。2018年3月，教育部印发的《关于进一步加强高等学校信息素养教育的指导意见》（以下简称《指导意见》），作为新时期图书馆事业发展的纲领性文件，明确提出信息素养的概念融合了多种有关信息的知识技能和思维意识的复合能力，指出了在信息生产过程中各个环节的行动准则，包括认知和评价信息价值、制定和调整信息发现和获取策略、用辩证思维分析评价信息、规范合理利用信息解决问题和创造新内容，以及呈现和交流研究成果。《指导意见》将信息素养的内涵延伸至新的生态系统环境下，与学生学习和学术研究等目标相融合，强调学生既是信息使用者又是信息创造者的双重角色，强调新环境下信息素养概念的动态性、灵活性，及其与大学生个人成长的相关性。

参考国内外信息素养发展的相关研究，本书将信息素养定义为：信息素养是一种贯穿于信息活动全过程的综合能力和基本素质,包括信息发现和获取、信息使用和评价、信息整合和生产与协作、信息分享等能力。它不仅关注信息的检索和使用,还注重信息实践和思维习惯的培养。信息素养是个体恰当利用信息技术来明确、获取、整合、管理和评价信息,理解、建构和创造新知识,发现、分析和解决问题的意识、能力、思维及修养。

1.1.2 信息素养的基本内涵

信息素养是基于信息解决问题的综合能力。具有信息素养的人,是一个能够觉察信息需求并根据需求检索、评价以及高效利用所需信息解决问题的人。信息素养的基本内涵包括信息意识、信息知识、信息能力和信息伦理四个方面。

1. 信息意识

信息意识是信息素养的前提,是人们对信息敏锐的感受力、持久的注意力和对信息价值的洞察力、判断力等,即能感知信息,捕捉信息的价值并能辨真伪,能将有价值的信息与事物关联,基于信息解决问题的意识。

2. 信息知识

信息知识是信息素养的重要组成部分(基础),包括信息源知识、信息的特点与类型、信息如何组织、信息交流和传播的基本规律与方式、信息检索等方面的知识。这些知识能够帮助人们更好地理解和利用信息。

3. 信息能力

信息能力是信息素养的核心,它包括信息识别能力、信息检索能力、信息获取能力、信息评价能力、信息管理能力、信息应用能力和知识重构能力。信息能力是人们熟练应用信息技术和信息资源获取、处理、管理与评价信息、应用信息、交流与创造新信息的能力,即能找到信息源、利用检索技术高效获取所需信息、管理与评价信息、利用所获取的信息解决问题的能力，以及利用所获取的信息在解决问题过程中将知识、经验内化为自身的知识和经验，重构自身知识体系的能力。这些技能能够帮助人们有效地利用信息，以满足自己的需求。

4. 信息伦理

信息道德是信息素养的准则，良好的信息道德是信息素养中不可缺少的一部分。随着信息技术和网络信息的飞速发展，人们在便捷地获取信息的同时，需提高对信息的判断和评价能力；在组织和利用信息、创造和传播信息时，应遵守相应的法律、法规，约束自己的网络行为，不利用网络信息进行犯罪以及剽窃、抄袭他人的研究成果，尊重知识产权，确保信息安全，培养良好的信息伦理道德，准确合理地使用信息资源。

1.1.3 信息素养与元素养

随着信息生态系统的变化——社交媒体和协作式在线社区的出现，信息素养的概念不断演变和内涵式的发展。2011 年，Mackey 与 Jacobson 在《将信息素养重构为一种元素养》一文中将信息素养定义为元素养，一种支持多种素养类型的元素养。[1] 元素养是对信息素养的扩充、重构和内涵的延伸。[2] 2015 年美国大学与研究图书馆协会正式颁布的《高等教育信息素养框架》，引入了"元素养"（metaliteracy）概念，扩展了以技能（需求、查找、获取、评价、有效利用所需信息的能力）为主的信息素养教育理念，强调学习主体的批判性思维和协作能力的培养，注重学习者在社交媒体、在线社区、开放教育资源下参与、生产、合作和分享信息的能力培养。[3-4]

信息素养与元素养之间存在密切的关系，它们相互促进、相互依赖。信息素养是元素养的一个重要组成部分。元素养不仅包括信息素养，还涉及数字素养、媒体素养、数据素养等新素养类型。元素养以元认知为基础，强调批判性思维，是在社交媒体和交互协同在线社区中进行信息获取、评估、组织、交互协同生产与分享的整体性、综合性的素养框架。元素养是信息素养教育转型新导向。信息素养以及由元素养催生的多元新型素养都聚焦信息以及信息的理解、评估与利用，区别在于聚焦的信息技术和形式有所不同。信息素养是其他一切素养的核心基础，而元素养是信息素养的扩充、重构和延伸。元素养强调批判性思维或元认知，学生不仅是信息的使用者，也是信息的再造者和传播者；学生从学习过程和学习结果中不断地反思、探究学习方法，通过特定的学习情境，以自身为学习主体，在与老师、同学交流、互动的过程中来构建自己的知识体系，终身适用。因此，数智化时代，以信息素养为基础来构建新时代的元素养。

1.1.4 信息素养与终身学习

美国大学和研究图书馆协会发布的高等教育信息素养能力标准指出，信息素养是终身学习必备能力的基础，是终身学习的核心能力之一。信息素养是每个公民在信息社会中获取、处理、管理和评价信息以及利用信息创造新知识的综合能力，是基于信息分析问题、解决问题、创造新知识以及进行专业学习的基本能力。信息素养在终身学习中发挥重要作用。信息素养是每个公民适应信息社会、提高自身发展能力以及竞争力的必备基本素养。通过培养个体的信息素养，提高个体的知识储备、自我管理能力、自我学习能力，促进自身学习的自主性和主动性，提升自身的思维能力和创新能力，促进个体的全面发展，以便更好地适应信息社会发展的变化，为终身学习打下坚实的基础。信息素养能力培养也是一个长期的、连续的学习过程。

2005年的《亚历山大宣言》强调了信息素养和终身学习对于个人、团体和国家实现其目标的关键作用。终身学习可以使人们应对不断变化的全球环境，通过持续学习，利用新兴机会实现利益共享；终身学习还能帮助个人和机构应对各种挑战，克服不利条件，并促进全人类的共同进步。[5]终身学习是指贯穿人们一生的学习过程中，个体主动、自主地持续学习、成长、发展，获取自身生存与发展所需要的知识与技能，并逐渐形成自己的价值观和思维方式，以适应不断变化的社会环境。全球环境信息万变，新的事物不断涌现，人们为了适应社会的发展变化，就需要不断地学习、更新知识技能，这就要求人们进行终身学习。终身学习是人们适应现代社会的一种生存方式，无论对个体的发展还是对社会的进步都具有重要意义。个体要更好地立足于社会，获得个人的发展，需要自身主动持续地提升学习能力，积累新知识，学习新技能，进行终身学习显得尤为重要。

信息素养与终身学习密切相关。信息素养是终身学习必备的核心能力，是个体适应社会的基本能力和参与社会的先决条件，能够明确、查找、评价、管理、生产、使用与交流信息，并用于解决问题，是终身学习的基础。信息素养和终身学习在信息社会中发挥重要的作用。通过培养和提高信息素养，以及不断进行终身学习，人们能够更好地应对信息社会的挑战，抓住发展机遇，实现个人和社会的共同进步。

1.2 《高等教育信息素养框架》诠释

随着大数据、云计算、互联网+、区块链、物联网、人工智能和元宇宙等新型信息技术的不断涌现，信息的组织方式、知识生产方式、人们的信息行为以及知识的获取方式等都在不断更新，我们赖以生存的信息生态系统正在动态地发展、变化着，人们利用与创造信息的理念、方法、工具等随之发生了前所未有的变化。面对纷繁复杂的信息世界，当代大学生不仅是信息的使用者，也是信息的创造者。学生在认识信息世界、创造新知识等方面，有着更为重要的作用，承担着义不容辞的责任和义务。为了适应不断变动的信息新环境，培养大学生认识信息世界、创造新知识的能力，信息素养教育理念、教育目标、教育内容和教育模式也在悄然发生改变。教师在教学设计方面，应加强认知性核心概念的相互关联与贯通，融合学科学术方面的探究与学习，担负起更大的责任。2015年2月，由美国大学与研究图书馆协会发布的《高等教育信息素养框架》(以下简称《框架》)，受到国内外学者的广泛关注和采用，成为全球信息素养教育的新标准和新风向。《框架》为高等教育大学生的信息素养教育提供了全面的指导，强调了学生的批判性思维、解决问题的能力和创新能力的培养，鼓励教师转变教学方式，构建学术圈和信息协同行为，并注重实践和应用。在框架的实施过程中，注重培养学生的实际操作能力和创新精神，通过各种教学方法和实践活动，提高学生的信息素养水平，促进其学术和职业发展。

1.2.1 《框架》的基本内容与特征

美国大学与研究图书馆协会发布的《高等教育信息素养框架》是一个指导和评估高等教育学生信息素养的标准，是一个重要的指导文件，旨在确保学生在信息社会中具备必要的信息素养，以促进其学术和职业发展。《框架》定义，信息素养是一种将信息、研究和学术方面紧密关联的综合能力，包括对信息的反思性发现、学习，了解信息的产生与评价，以及合法合理地利用信息创造新知识并能够参与到群体社团学习活动中。

《框架》借鉴了正在进行的已鉴定出一些信息素养阈概念的德尔菲研究，以创新的思路及突出阈概念的方式制定。《框架》由六个要素组成，每一个要素代表一项信息素养学习中的阈值概念，而每个要素包含知识技能和行为方式两类知识点。"知识技能"是对每个要素阈概念的阐明与解释，增强学习者对信息素养概念的理解以及明确重要学习目标，例如：确定满足信息需求任务的初步范围；"行为方式"是对学习者持有的学习态度、情感方式或评价维度方式的描述，例如：坚持面对检索的挑战，保持开放思想和批判态度。

《框架》基于一连串的认知性核心概念或者理念，将许多信息、研究和学术方面的概念和理念融汇成一个相互关联的整体，描述了面对新的信息生态环境，学习个体所具备的一套行为、思维的态度或方式。其特征是：

第一，提倡元认知或者批判性思维。强调学生不仅需要了解信息检索的基本知识，还需要具备批判性思维、问题解决能力和创新能力。

第二，强调阈值的概念，即学生要达到一定的信息素养水平才能顺利完成高等教育的学习任务。

第三，转变教学方式。提倡将传统以文献信息资源搜索利用等技能为主的教学方式转变为以具有对信息判断和评估能力的信息交互参与为主的教学方式。

第四，鼓励教师和学生构建学术圈。通过学术圈，学生可以与其他同学、教师和专家进行交流，分享知识和经验，促进信息协同行为的发展，促进学术交流和合作。

第五，强调信息素养教育的实践性和应用性。学生通过实际操作和实践，培养自己的信息素养技能。同时，教师需要将信息素养教育融入课程教学中，帮助学生将理论知识与实践相结合。

1.2.2 《框架》的基本理念

《框架》基于元素养这一核心理念，特别强调元认知，或批判式反省，即对自己行动和思想的反思能力。元素养要求从行为上、情感上、认知上以及元认知上参与到信息生态系统中，强调动态性、灵活性、个人成长和团体学习。在学生的学习、教学研究中，学生不仅是信息的使用者，也是信息的生产者和传播者；学生通过学习过程和学习结果不断地反思、探究学习方法，通过特定的学习情境，以自身为学习主体，在与老师、同学交流、互动的过程中来重塑自己的知识体系，以达到终身适用。教师在课程设计、教学研究中，多注重与学生的协同合作，让学生主动参与到教学研究中来，让学生在学习、教与学的过程中具备批判性评估、共享信息的综合能力，以发现和辨别有效或者有用的信息。

《框架》基于一连串的认知性核心概念或者理念，将许多信息、研究和学术方面的概念和理念融汇成一个相互关联的整体，描述了面对新的信息生态环境，学习个体所具备的一套行为、思维的态度或方式，更加注重教师在教学传授过程中如何组织教学和学生在学习过程中如何学习新知识。

深入探索《框架》的核心观念和思想，有助于我们更新对信息素养及其教育目标的认知。《框架》不仅在理论上对我国的信息素养教育研究产生重要影响，而且在实际教学上也具有指导作用。框架倡导的教育理念，是对当前课程改革方向的肯定与推动，其内容也将为信息素养教育改革提供宝贵的启示，为设计新课程内容、改变教学方式、制定新标准等提供更多的灵感和方向。

1.3 信息素养与数字素养

2021 年，中共中央网络安全和信息化委员会发布的《提升全民数字素养与技能行动纲要》（以下简称《行动纲要》）明确指出，数字素养与技能是数字时代公民工作、学习、生活应具备的数字获取、使用、评价、分享、创新、安全保障、伦理道德等一系列综合素质与能力。可见，《行动纲要》界定的数字素养与技能的内涵、外延、受众、目标是信息素养教育内涵、外延的拓展与升级。[6] 2023年9月20日，由教育部高等学校图书情报工作指导委员会主办的"2023年全国高校信息素质教育研讨会"在沈阳召开。会上，深圳北理莫斯科大学图书馆馆长刘万国在"信息素养与数字素养的历史考察"的报告中指出数字素养是信息素质在数字时代的具体表现，是信息素质的一次数字化转型与升级。[7] 武汉大学图书馆副馆长黄如花在"面向数字化转型的信息素养教育"的报告中提出数字素养进一步丰富了信息素质的内涵和外延，是大学生适应数字化生活和生存方式的基本能力。会议设置的专家对话环节，分别围绕与会代表关注的"教育数字化转型背景下的数字素养教育"和"数字素养教育中的新模式与新方法"两个热点主题进行交流。清华大学图书馆的王媛老师提出，在数字化转型背景下，信息素质教育应向数字素养教育转变，让学生具备适应数字社会发展的能力。2024年1月19日，中国教育科学研究院院长李永智在国际基础教育创新趋势论坛会上正式发布《国际基础教育创新趋势报告2024》，报告揭晓了全球基础教育八大创新趋势：提升师生数字素养、培养创新意识与能力、构建STEM教育生态体系、推进职业生涯教育、注重社会情感学习、实施主题式跨学科学习、探索数智技术赋能评价和促进教育包容与公平，无一不与信息素养相关，首要强调提升师生数字素养。数字化时代，数字素养是每个公民必备的新型素养基本能力，包含数字技术、价值观、道德伦理、思维方式、行为模式和社会情感等能力。

数字素养是人们在数字化转型时代背景下，有效利用数字技术和资源获取、评估、使用信息所具备的特定知识和技能，如数字技术、数字工具应用、数字安全等能力。数字素养的核心在于利用数字技术来获取、处理、评估和创造数字信息，以适应数字化社会的需求。总之，信息素养和数字素养都是人们在信息时代中必备的基本素质,它们相互关联但各有侧重。信息素养的核心在于理解和利用信息的能力,以支持个人和组织的目标实现。数字素养是信息素养内涵的延伸和拓展。信息素养和数字素养都强调了信息的重要性和对信息的处理能力,但数字素养更加强调在数字化环境中的实践能力和创新思维。

1.4 信息素养与批判性思维

1.4.1 批判性思维的概念及意义

"批判性"(critical)这个词语来自希腊文"kritikos",意为辨别力、洞察力、判断力。批判性思维最早起源于古希腊哲学家苏格拉底的思想和谈论方式——苏格拉底问答法。苏格拉底问答法是逻辑推理和思辨的过程,它要求对问题进行进一步的思考、分析,其对于培养个体的独立思考能力、怀疑精神和批判性思维具有显著的促进作用。[8] 苏格拉底的思想后来引起众多学者的广泛关注,他们强调只有受过专门思维训练的人才能透过虚假的表面看到事物的本质,诱发人们探求事情真相的思考。美国教育家爱德华·格拉泽(Edward Glaser)认为,批判性思维是一种运用逻辑推理知识和方法进行认真思考的态度和技能,它涉及质疑真理和知识的依据,并具备逻辑推理、分析、综合和评价的认知能力。一个具备批判性思维的人能够更加深入地探究问题,并运用逻辑推理和分析技巧来解决问题。现代意义上批判性思维源自美国哲学家约翰·杜威(John Dewey)的反思性思维(reflective thinking)。美国批判性思维运动的开拓者罗伯特·恩尼斯(Robert Ennis)认为,批判性思维是我们决定要相信或者要做什么所做的合理的、反思性思考。因此,批判性思维被视作一种建设性和实用性的思考方式,更注重建设性地分析和评估信息,以及实践应用中的思考。这种思维方式强调理性、客观和深入地思考问题,以促进更有效的交流和解决问题。批判性思维是对信息进行分析、比较与评估,全面地审视之后再去得出自己的认知,不仅停留在对信息的盲目吸收。美国的科学哲学家卡尔·波普尔(Karl Popper)以批判理性主义为出发点和内核建立了著名的四阶段图式:一是提出问题,二是尝试性解决,三是反思、质疑、排除错误,四是提出新的问题。不断推翻旧有理论,然后不断做出新发现,以科学的批判精神解决问题。总之,批判性思维是一种具有反思性的思维方式,它体现了个人对事物或问题的理解能力,包括解释、分析和综合的能力。这意味着个体在面对问题时,需要有能力识别、评估和有效利用各种信息,以便做出最佳的决策。批判性思维是一个独立且深入的信息处理过程,它指导我们的言行,涉及对信息的细致分析、综合和评估。这个过程是有目的性的,需要我们不断地自我调整判断,充分考虑各种证据、概念、方法和标准。简而言之,批判性思维是一种反复思考、不断深化的过程,旨在使我们的思考和行动更加理性、准确和有效。批判性思维技能包括解释、分析、判断、推理、归纳评价和自我调控等。

在当今瞬息万变、强调合作和信息自由流动的媒体环境中,信息不再是静态的、易于获取的实体。信息的内容及其展现形式日新月异,使得我们生活和工作所依赖的信息环境变得动态且充满不确定性。面对浩如烟海的重复信息、过时消息和虚假信息,全面了解多元化信息源、有效获取和识别高质量信息并利用信息开展学习和研究成为每一位大学生的基本能力。为了适应不断变化的信息世界,合理利用信息、数据以及学术成果来创造新的知识,作为信息的创造者、协作者和传播者,在参与研究和创新时必须进行大量的批判性思考和自我反思。因此,批判性思维已被普遍认为是高等教育的关键培养目标之一。为了在学习、工作和生活中创造性地解决问题或做出明智的决策,个体需要掌握新的媒体技能,尤其是批判性地评估和共享信息的综合能力，以便从海量的信息中筛选出有效和有用的内容。

1.4.2 信息素养与批判性思维的关系

早在 1988 年，Bodi 就提出将图书馆研究与高等教育教学相结合来提高学生的批判性思维。[9] Breivik 认为信息素养是批判性思维的重要组成部分之一。2006 年，Elmborg 发表的《批判性信息素养：教学实践的启示》提出图书馆馆员教师在信息素养教学过程中开展批判性的信息素养教育，学生对获取的信息进行反思。2011 年，Jacobson 等人提出将元素养概念理论与批判性信息素养观念融合，元素养的核心是元认知，即批判性反省。[10] 2015 年，ACRL 发布的《高等教育信息素养框架》引入了元素养和阈值等多种概念，重新定义了信息素养的概念，延伸了信息素养内涵，要求个体批判地反思、审视、评估信息，要有质疑权威的批判性精神。ACRL 界定的信息素养概念包括对信息的反思性发现，在信息素养培养体系中纳入批判性思维，将批判性思维培养与信息素养教育相结合，能够突破专业领域的局限，拓宽视野。这种培养方式注重在具体情境中运用批判性思维，不仅要求学生掌握定位、评价和使用信息的相关技能，还要求他们对信息的产生和运作过程进行反思，并在此基础上对信息环境进行批判性的分析。这种跨学科的教育方法有助于培养学生的全面素养和独立思考能力。2021 年，教育部发布的《高等学校数字校园建设规范》中提到意识、思维与批判性信息素养教育密切相关。[11] 同年，习近平总书记在两院院士大会、中国科协第十次全国代表大会上讲话指出，"要更加重视科学精神、创新能力、批判性思维的培养培育"[12]。信息素养、批判性思维和创造力是培养创新人才的核心能力。将批判性思维方法融入信息素养教育体系，能够提升大学生的创新能力和创造力，有效解决信息素养教育面临的问题和挑战。通过融合批判性思维的信息素养教育体系,学生能够更好地掌握信息处理技能,同时培养独立思考和批判性思维的能力,为未来的创新发展打下坚实的基础。[13]

批判性思维与信息素养是相互关联的两个概念。批判性思维是指通过分析、评估和合成的方式,对信息和观点进行有目的的、有意识的思考和判断的能力。它包括了分析问题、评估证据、推理结论等方面的技能,以及开放、客观、公正的态度。信息素养则是指获取、评估、使用和创造信息的能力,包括信息查找、筛选、分析和整合等方面的技能。它强调个体在信息时代中,能够有效地获取、评估和使用信息,以支持个人和组织的目标实现。批判性思维与信息素养紧密相连,互为支撑。批判性思维能够帮助个体在面对海量信息时,客观地分析、评价和判断信息的真实性和价值,从而做出正确的决策。同时,批判性思维还能够促进个体对信息的深度思考和理解,从而更好地利用信息实现个人和组织的目标。信息素养也能够帮助个体更好地获取、筛选和使用信息,从而为批判性思维的发挥提供有力的支持。没有良好的信息素养,个体可能难以获取到足够的信息,或者无法准确判断信息的真实性和价值,这会影响到批判性思维的发挥。因此,在教育教学中,应该注重培养学生的批判性思维和信息素养。通过培养学生的批判性思维,可以促进他们更好地理解和分析信息,提高他们的信息素养。同时,通过培养学生的信息素养,可以提供更多的信息和资源,促进他们批判性思维的发展。这样的相互促进和支持,有助于学生更好地适应信息时代的需求,提高他们的综合素质和能力。

在信息化和全球化的时代背景下,批判性思维和信息素养被公认为是21世纪大学生不可或缺的两大关键技能。为了使学生能够适应快速变化且日益复杂的世界,全球各国的高等教育机构都在积极采取措施,大力推进批判性思维和信息素养教育。这些举措旨在帮助学生发展成为具备批判性思维、信息素养以及终身学习能力的全球公民。近年来，教育教学领域经历了一系列改革，其中以学生为中心的研究性教学模式逐渐取代了传统的以教师为主导的授课方式。在探索如何更有效地培养学生的批判性思维和信息素养的过程中，这些新的教学模式已经引起了教育工作者，特别是教师和图书馆馆员的广泛关注。这些新模式的采用，有望为培养学生的综合素质和应对未来挑战的能力提供更为有效的途径。

1.4.3　高校信息素养教育中批判性思维培养现状

基于《框架》中以批判性思维为基础的信息素养定义，许多国家和地区将批判性思维的培养融入信息素养教育过程中。但是，调查结果表明，在信息素养课程教学过程中，只有少数课程上会传授批判性思维，有极少数可以阐明批判性思维的定义及内涵。而国外高校图书馆信息素养教育中批判性思维的培养实践相对成熟，有必要对国外高校图书馆信息素养教育中批判性思维的培养过程、培养要求和培养模式进行调研分析，总结经验，以期为我国高校图书馆信息素养教育中批判性思维的培养提供参考和借鉴。下面对11所国外高校图书馆信息素养教育中批判性思维的培养进行文献调研和网站调研，其中调查对象为国外知名高校。这些高校信息素养教育的相关规划都基于《框架》制定，均强调信息素养教育中批判性思维培养的重要性。相关规划具有完整的培养方案、完善的组织流程和良好的实施效果，具有一定的代表性和可借鉴性。[14]

1. 国外高校信息素养教育中批判性思维培养现状分析

调查对象：从2020年U. S. News世界大学综合排名前200的高校筛选11所知名高校，包括剑桥大学、新南威尔士大学、爱丁堡大学、昆士兰大学、华盛顿大学、圣路易斯华盛顿大学、南加州大学、南伊利诺伊大学爱德华兹维尔分校、加州大学伯克利分校、纽约州立大学奥尔巴尼分校和纽约市立大学。

调查内容：通过搜索引擎检索 11 所高校图书馆网站相关信息，包括 2015 年以后发布信息素养相关规划、指南，信息素养或批判性思维专项导航栏，与批判性思维相关的信息素养培训，提升信息素养或批判性思维的工具等内容。

（1）国外高校图书馆批判性思维培养过程分析

大部分欧美高校信息素养规划都以对信息的反思能力培养为核心目标，如学生的批判性信息评估能力、质疑精神、批判性阅读能力等。教育对象为学生和教职工群体。实践方式基本都采用多元化的线上线下并嵌入学科、科研工作。实践内容围绕资源、课堂及其目录指南等方面展开，例如线上远程学习内容涵盖学术内容、引用规范等实用主题以及特定课程；线下批判性思维教学将学科服务嵌入课程与科研工作，例如批判式的阅读与写作，反思性的检索信息等。教学效果评估方法采用考试、问卷调查、量表、访谈、综合报告、课程作业、焦点小组和表现评估等；评估内容包括教学水平，如教学内容、教学设计与组织、教师态度与素养等，学生学习需求、学习效果与教学环境等；教学主体包括馆员、教师、学生及学校管理者等。

（2）国外高校信息素养教育中批判性思维培养架构

国外高校信息素养教育中批判性思维培养架构由培养模式选择、核心内容界定、培养成效评估和批判性思维环境创设组成。培养模式选择依据培养核心目标和培养对象的特性决定。信息素养包括信息的技能、使用、信息意识及信息态度等；批判性思维包括反省能力、判断能力，因此，信息素养教育中批判性思维培养的核心目标为对信息的识别、理解、分析、评估等批判性思维的逻辑技能运用于信息处理过程中，培养学生分析问题、解决问题、知识创新以及终身学习的能力。培养模式包括以探索和研究为中心的教学形式和以合作完成任务为中心的教学形式。以探索和研究为中心的教学形式鼓励学生积极参与到信息检索、资料分析、信息评价的过程中,在发现问题、解决问题、反思信息处理过程中形成自身的批判性思维。以合作完成任务为中心的教学形式鼓励学生或师生间相互交流、互相帮助、激发灵感,形成以学生为学习主体,教师扮演引导者角色的模式。其中,教师通过提醒学生主动参与,培养学生的批判性思维逻辑技能(如识别、理解、分析、评估等对信息的反思和判断)和态度(人们是否愿意与如何更好地运用批判性思维逻辑能力的态度倾向)。培养成效评估核心内容包括:学生的信息素养和批判思维能力评价;学生的检索与整理信息的能力、判别信息的真伪与反思信息价值的能力、信息素养能力与批判性思维技能实际应用能力等。

2. 对国内信息素养教育中批判性思维培养的思考与建议

(1)加强国内高校信息素养教育中批判性思维培养

信息素养教育应以批判性思维为核心,更加注重培养学生的认知和思维能力。ACRL发布的《框架》基于元素养这一核心理念,特别强调元认知,或批判式反省,即对自己行为和思想的反思能力,一种批判性思维能力。2015年教育部图工委面向全国高校开展的信息素养教育实践调研显示,国内高校信息素养教育多以信息检索与利用相关课程、专题培训讲座和新生入学教育等形式开展,侧重于实用性,对有关信息的反思性发现、批判性思维、独立思考、思维意识等元认知的能力培养极其缺乏。现有的信息素养教育实践已不能适应新的信息环境和高校教育环境的变化需要,其内容和模式都亟待突破与创新。

2018年3月,教育部印发的《指导意见》,明确提出信息素养的概念融合了多种有关信息的知识技能和思维意识的复合能力,强调用辩证思维分析评价信息。面对新的信息生态环境和新一代用户信息需求,高校信息素养教育应加强批判性思维和创新能力的培养,鼓励学生积极参与到信息检索、资料分析、信息评价的过程中,在发现问题、解决问题、反思信息处理过程中形成自身的批判性思维。

(2)借鉴国外高校信息素养教育中批判性思维培养模式与经验

国外高校信息素养教育中批判性思维培养模式主要由以探索和研究为主和以合作完成任务为主的两种培养模式组成。以探索和研究为主的培养模式面向高校大一、大二低年级学生,教育教学核心内容主要是培养学生在信息查询与获取的过程中,对信息和知识进行整合、组织、重组并形成新的知识的基本能力,与问题发现、研究和解决过程同步进行,培养学生科学地、批判地发现问题、分析问题和解决问题的批判性思维习惯;引导学生在信息检索、信息分析、信息评价过程中对信息进行反思性发现,强化批判性思维的培养。以合作完成任务为主的培养模式面向高校大三、大四高年级学生,教育的核心目标是鼓励学生将知识学习与实践创新相结合,通过研究和实践任务培养独立思考和解决问题的能力,培养创新精神和终身学习的能力;学生通过与教师进行新的知识分享、交流、合作,融入学术交流,在学术研究与实践中发现新问题,提高学生自主学习、独立思考、解决问题的能力。此外,美国高校大多重视结合本校学生在线课程需求,以在线教育的方式开展批判性思维能力培养。

(3)构建面向批判性思维培养的长效评估机制

面向批判性思维的信息素养能力评价在一定程度上能激发学生的信息素养能力和批判性思维的学习与养成。国内高校信息素养教育中批判性思维培养的成效评估可以借鉴国外部分高校图书馆在课前和课后,对学生的批判性思维能力和态度倾向进行评价并打分,形成"课前能力评估—教学过程评估—课后成效评估"的评估机制,综合评估学生课前的自主学习能力,教学过程中查询与获取信息、分析问题、反思信息的能力,评估以及独立思考能力,以及课后信息素养实践能力和批判性思维能力。面向批判性思维的信息素养评估应以批判性思维为目标和标准,对学生的批判性思维能力进行评估,促进信息素养与批判性思维的融合,提高高校图书馆信息素养教育质量,形成良性循环。[14]

（4）加强教师队伍建设,提升其批判性思维知识和技能

有关调查结果表明,我国高校图书馆信息素养教育的师资力量差异较大,教师师资队伍严重不足,多以兼职教师为主,教师的学科背景、知识结构、教学技能等也参差不齐。信息素养教育中对批判性思维的培养不仅要求教师掌握图书情报专业的相关知识和教学能力,而且需要掌握批判性思维概念的基础知识,并具备持续的批判性思维学习与运用的能力,以及应对知识更新和信息环境的变化所具备的自我反思与不断进行专业学习的能力。现有的教师队伍已经严重影响了信息素养教育中对批判性思维的培养,需要加强高校图书馆信息素养教育教师队伍建设,通过教师持续学习新的知识和技能、反思日常的教学实践、在教师间开展互动交流分享教学经验和方法,以及参加相关的培训课程,来提升教师的批判性思维知识和技能,同时,鼓励图书馆信息素养教育相关教师积极参加学术会议交流,开展信息素养教育相关研究,不断提高教师的专业知识水平和业务能力。

第2章

数智时代信息素养教育

2023年9月,由教育部高等学校图书情报工作指导委员会主办的"2023年全国高校信息素质教育研讨会"在沈阳召开,会议围绕"数智时代背景下的高校图书馆信息素质教育"主题进行现场交流与经验分享;会议同时设置了专家对话环节,邀请了部分图书馆负责信息素养教育的副馆长和教学一线名师,分别围绕"教育数字化转型背景下的数字素养教育"和"数字素养教育中的新模式与新方法"两个主题进行对话交流。本次研讨会内容丰富、形式多样,既有专题报告、分组讨论,也有实践案例分享。与会专家深入探讨了数智时代背景下信息素质教育的变革与发展,分享了信息素质教育最新研究成果和实践经验,为高校图书馆信息素质教育转型提供了理论指引和实践范本。在数智时代背景下,高校图书馆的信息素质教育应与时俱进、求真务实、创新发展,为推进教育数字化服务,并肩负起建设全民终身学习的学习型社会和学习型大国的使命,彰显其价值。

北京大学图书馆馆长陈建龙在"信息素质教育高质量发展:同担重任 共解难题"报告中指出,高校图书馆的信息素质教育应紧密结合国家发展任务,如中国式现代化、高质量发展和数字化转型,以科技、教育和人才为核心,深入探讨信息素质教育与国家发展任务的内在联系和价值。同时,要积极探索信息素质教育的发展和创新,以满足国家和社会发展的需求。在理论研究中,信息素养教育需要更深入的交流和有组织的综合与合作研究。在实践策略方面,需要构建更完善的课程培养体系,加强教育和学习渠道的建设,以及提高教师队伍素质。此外,高校图书馆的信息素质教育应该从更高层面加强协作,整合更多资源,建设开放共享的教育环境,共同推动信息素质教育的高质量发展。[7]

数智时代背景下,信息素质教育扮演着更加重要的角色,承担着新的任务和责任。在新目标的引领下,信息素质教育正迎来新的发展阶段。在数字化和智能化的环境下,信息素质教育的应用领域得到了新的拓展和丰富。数字化转型在教育领域的推进,促使信息素质教育体系必须适应新的发展需求,进而进行必要的调整与重构,而教育数字化转型对信息素质教育体系带来了深刻影响。数字技术的深入应用,正在推动信息素质教育从传统的单一模式向更加多元和灵活的方向发展,数字技术广泛应用对信息素质教育模式带来了深刻变革。数字化教学资源在构建新型教学环境中的关键作用,为打造现代化、高效的新型教学环境提供了必要的保障。同时通过整合各方资源和力量,共同促进教师教育能力的全面提升,有助于打造更加优质的教育环境,提高信息素养教育的质量和效果。

2.1 机遇与挑战

在数字化转型、数智社会快速发展的时代背景下,数字化和人工智能技术的迭代更新,信息素养教育面临着前所未有的机遇和挑战。

1. 面临的机遇

(1)资源日益丰富化

数字化时代海量的信息资源,为信息素养教育提供了丰富的教学内容和实践场景。学生可以通过互联网、数据库、电子图书等途径获取各种类型的信息资源，从而拓宽视野，增强信息意识。

（2）技术的不断迭代

随着信息技术的不断发展，信息处理速度更快，呈现方式更加多样化。例如，大数据、人工智能等技术的应用，使得信息素养教育可以更加精准地分析学生的学习需求，提供个性化的教学服务。

（3）教学模式的创新

数字化转型推动了教学模式的创新，如在线教育、混合式教学等。这些新型教学模式打破了时间和空间的限制，使得信息素养教育可以更加灵活地开展，满足不同学生的学习需求。

2. 迎接的挑战

（1）信息资源过载

虽然数字化时代带来了丰富的信息资源，但同时也导致了信息过载的问题。学生需要具备从海量信息中筛选出有价值信息的能力，这对于信息素养教育提出了更高的要求。

（2）技术更新迅猛

信息技术的更新速度非常快，这就要求信息素养教育需要不断更新教学内容和教学方法，以适应新的技术环境。

（3）教育公平性问题

在数字化转型的过程中，不同地区、不同学校之间的信息素养教育水平存在差异。如何保障所有学生都能享受到高质量的信息素养教育，是一个需要解决的问题。

（4）人文素养与技能并重

在强调信息技能的同时，不能忽视对学生人文素养的培养。信息素养教育需要注重培养学生的信息伦理、信息安全意识等方面的素养，以促进学生全面发展。

第 2 章 数智时代信息素养教育

在数字化和智能化时代，图书馆将继续发挥重要作用，致力于培养大学生多元素质教育，并助力高校实现其"人才培养、科学研究、社会服务"的宗旨。图书馆的首要职责是提供可靠的信息资源，作为信息领域的专家，它将继续提供专业的信息服务，帮助用户寻找、评估和利用图书馆的资源，以及进行学习和研究。其次，图书馆将为师生提供多样化的学习空间和研究空间，满足不同类型的需求。图书馆还将负责教育和培训工作，以提高用户的数字素养。它不仅会教授使用电子资源、数据库和在线搜索技巧，还会指导用户在数字环境中保护隐私和安全，并提供数字资源管理的指导。同时，图书馆在数据管理和研究支持方面也扮演着重要的角色。它将帮助用户管理和组织研究数据，提供数据存储和共享的指导，并支持研究人员进行文献检索、学术写作和引用管理。此外，图书馆还致力于开展文化传承和推广活动。它将组织和促进各种文化和教育活动，策划书展、讲座、读书俱乐部、作家访谈和其他社区参与项目，以推动阅读、学习和文化交流。最后，图书馆应积极跟踪技术发展，并将新技术整合到服务中，创新赋能。探索使用人工智能、虚拟现实和增强现实等技术，提供创新的图书馆体验和服务。

随着互联网和信息技术的快速发展，面对信息资源多样性和复杂性，如信息源的多样性、信息组织的复杂性、信息资源类型的多样性、信息传播的复杂性和信息安全与隐私的复杂性；信息技术迭代性和发展性，如信息技术在不断地更新、改进、优化和发展；信息用户差异化需求和水平，如信息需求的内容和类型差异、信息时效性和可靠性差异、信息获取和使用技能的差异、信息需求的个性化差异、信息需求的层次和水平差异；教育力量有限性和局限性等因素的影响，满足用户个性化、多元化的信息需求，更好地管理和利用信息资源，高校图书馆需要采取多种手段和方法来处理和分析信息资源的各种特性，提供多样化的信息服务，提升用户的信息素养和能力，以及推动信息服务的智能化和个性化发展。高校信息素养教育工作者必须重新思考信息素养教育的目标和方法，培养能够解决问题、适应快速变化的社会需求、善于利用新技术，并在日益复杂与多元的全球格局中具备多元文化视野和包容性的新一代。

2.2 国内外高校信息素养教育规划和现状研究

2.2.1 国外高校信息素养教育规划研究

1. 国外高校信息素养教育规划分析

图书馆战略规划是关于图书馆未来发展的思维过程与框架，包括确定使命、愿景、目标、战略和实施计划。良好的战略规划有助于组织明确发展目标、方向和重点任务，以适应未来环境变化和应对挑战。[15] 自从2015年ACRL《框架》出台之后，国外多所高校图书馆信息素养教育类规划文件相继发布，推动了其信息素养教育的变革。下面有关国外高校信息素养教育规划引用姜颖、陆广琦等（2020）的《国外高校信息素养教育规划分析与启示》有关分析，文章通过对2020年U.S.News世界大学综合排名前200的高校官方网站检索，收集2015年以后发布的与信息素养教育相关的规划、指南等内容，发现选取的9所国外高校，包括剑桥大学、爱丁堡大学、新南威尔士大学、圣路易斯华盛顿大学、南伊利诺伊大学爱德华兹维尔分校、纽约州立大学奥尔巴尼分校、加州大学伯克利分校、纽约市立大学、南加州大学均已发布本校的信息素养教育规划性文件、框架等；而国内高校如清华大学、北京大学、南京大学等网站中均未发布信息素养教育相关的系统规划文件。通过网络调研与文献分析相结合的方法，对9所国外高校图书馆信息素养规划文件的内容进行调研分析，总结经验，以期为我国高校图书馆信息素养教育规划的编制与实践发展提供参考和借鉴。

国外 9 所高校图书馆信息素养规划类文件均结合《框架》的核心思想，紧密围绕重要关键词"发现、反思、理解、创造"做出了创新性、变革性的调整，特别强调批判性思维的培养、数字化学习与嵌入式教学、资源探索与评估、信息分享与创造的促进、终身学习与阶段计划的制订，以及学习社区与馆员合作的深化等，全面提升信息认知、信息行为和信息创造等综合应用能力相关的信息素养教育。[15]

（1）注重培养对信息的认识和理解能力

欧美高校信息素养规划都非常重视信息认知的培养，强调对信息的批判性反思能力的培养，对信息内容的思考与批判、批判性地考察信息的创造过程的质疑精神、思考与评估信息的出处、真实性等；加强信息认知能力的教学和普及，开设信息素养教育通识课、学分必修课，推进学生信息知识的普及。

（2）注重培养规范的信息行为习惯

重视信息行为的塑造，注重贯彻"终身学习"的理念，将信息素养教育持续贯穿于学术生涯的学习过程，并与其他学科和社会学习目标相互融合。信息素养不仅仅是一项技能或知识，还是一种持续发展的能力，随着个体的学术和社会经验的积累而不断提升。通过将信息素养融入其他学科和社会学习目标中，可以更好地培养学生的综合能力，在面对复杂问题时能够运用多种知识和技能进行综合分析和解决问题。这种综合性的学习方式有助于培养学生的创新思维和解决问题的能力，使他们能够更好地适应不断变化的学术和社会环境；指导制订和执行信息素养阶段性学习计划，阶段性学习计划有助于师生有条理地规划学习和个人发展。通过明确阶段性学习计划，了解每个阶段需要达到的标准和所需的努力，从而更好地指导学习过程。阶段性学习计划的执行还能够增强师生的学习动力和责任感，确保学习计划得到有效的实施。这种有序的学习规划对于培养学生的自主学习能力和提升教学质量都具有积极的推动作用，因此受到英美高校规划的重点关注。提倡教师在课程设计中融入信息素养的教学内容，并与图书馆员紧密合作，共同策划和修订课程设置。通过合作，教师可以与图书馆员共同制定教学大纲，布置课程作业，并针对特定的课堂需求定制教学内容。图书馆员在此过程中将积极跟进课堂进度，协助学生更好地识别和利用互联网资源，从而提升他们的信息素养。这种跨学科的合作模式有助于促进信息素养教育在课程中的全面融合，进而提高学生的综合学习能力和信息处理能力。

（3）注重培养个体的信息分享与创新能力

强调信息分享和创造能力培养的重要性，提倡通过构建学习社区来推动信息的再生产、分享和合作交流。推广社区化学习理念是提升学习效果和个人成长的重要途径。在学习社区中，成员们可以相互分享知识、经验和见解，从而激发创新思维和创造性实践。同时，通过合作交流，社区成员可以相互支持、相互学习，共同推动学习社区的持续发展。这种社区化的学习方式有助于培养个体的协作精神和团队意识，提升他们在信息社会中的竞争力和适应能力；加强信息创新能力的培养，通过鼓励不同观点之间的相互竞争和碰撞来实现。不同思想和看法的相互交锋能够激发出新的见解和发现，推动信息的创新和发展。不同观点之间的相互竞争和碰撞不仅有助于拓宽思维视野，还能够激发创造力和创新精神，为解决复杂问题和应对挑战提供更多可能性和思路。强化信息创新能力需要营造一个开放、包容的氛围，鼓励多元观点的存在和交流，让不同声音能够充分表达并相互激荡，最终产生更加丰富和深刻的创新成果。同时重视信息道德的培养，确保学习者在学术活动中能够展现出高度的责任感和职业道德。在参与学术活动时，学习者作为信息的创造者和使用者，必须清晰地认识到自身的权利和责任，了解并遵守信息使用的规范，尊重他人的知识产权和隐私权，避免传播虚假或有害信息。通过培养信息道德，学习者不仅能够维护学术环境的健康与公正，还能够为自己的学术生涯和社会形象打下坚实的基础。

2. 对国内高校信息素养教育的启示

英美众多大学图书馆的信息素养教育规划日趋规范，并进行定期评估和动态调整。针对当前不断变化的形势，这些规划更加强调对学生信息认知的培养、信息行为的引导和信息创造力的展现。通过了解国外高校信息素养教育在面对信息环境变迁时所关注的核心要点和采取的实际行动，可以为我国大学图书馆信息素养教育的规划和实施提供宝贵的启示和借鉴，有助于我们更好地制定符合时代需求的教育策略，推动信息素养教育的深入发展。

（1）加强学生元素养和泛信息素养教育的实施

国内高校信息素养教育目前以文献检索选修课程和数据库培训、讲座为主，尚未形成结合 ACRL《框架》要求的系统的稳定的教育模式。元素养教育和泛信息素养教育是国内高校正在探索和借鉴的重点领域。元素养教育注重学生的反思、认知、行为和情感道德，而泛信息素养教育鼓励创新和分享。国内高校应进一步普及这些教育实践，并结合《框架》要求，形成更加系统稳定的信息素养教育模式。

（2）重视学生批判性反思能力的培养

强化批判性信息评估技能是提升学生信息素养的关键。目前，国内在相关规划和实践中缺乏对学生批判性反思能力的培养。批判性信息评估技能有助于学生理性评估信息来源、信息创造与传播过程以及信息的权威性和真实性。剑桥大学图书馆重视质疑精神，将其视为信息素养教育的重要战略。

(3) 设立信息素养学分必修课

设立信息素养学分课程是快速提升学生信息素质的有效手段。尽管国内已有高校开设信息检索类选修课程,但将信息素养类课程设为必修课程的高校几乎很少。伊利诺伊大学和纽约州立大学奥尔巴尼分校在规划中明确要求设立信息素养必修课,剑桥大学更是将其设为大一和研一新生的必修先修课程。推行信息素养必修课程对于大范围快速提升学生信息素养、推动学业学术创新具有重要意义。

(4) 制订阶段性学习计划、坚持终身学习理念、开展嵌入式信息素养教学

国内高校信息素养教育存在一次性教学的局限性,缺乏终身学习和阶段性能力训练的理念。然而,信息素养是贯穿整个学习过程的,需要与其他学科和学习目标相融合。因此,推广信息素养"终身学习"的理念,并指导学生制定和执行阶段性能力训练规划,成为当前亟须普及的任务。嵌入式教学是实现这一目标的有效途径,但国内实践多存在一次性局部教学的问题,缺乏与课程内容融合的系统性信息知识传授。因此,各学科教师应加强与图书馆员的连续型合作,共同完成课程大纲、课程计划和课程设计,随时跟进和评估学生信息能力,指导学生结合专业学习辨别和使用各类信息。这将有助于提升不同专业学生的信息素养,推动信息素养教育的全面发展。

(5) 重视信息道德和知识产权意识的培养

英美高校信息素养教学重视信息道德和知识产权意识的培养,而国内双一流高校在这方面的培养相对缺乏。国内图书馆需加强对学生信息道德的教育,引导他们树立正确的学术道德观念并遵守学术规范。

(6) 探索和推广信息素养社区化学习模式

信息素养社区化学习是一种在国外流行但在国内鲜有探讨的学习模

式。学习社区的建设与完善对于鼓励学术交流、对话和促进信息分享与创新具有重要意义。国内应积极探索和推广信息素养社区化学习模式，为学生提供更多互动和合作的机会，提高学习效率。

2.2.2 国内高校信息素养教育现状研究

1. 国内高校信息素养教育现状分析

国内高校信息素养教育主要由图书馆承担，涵盖了通识教育、嵌入教育和在线教育等多种形式。随着互联网的发展和计算机的普及，各类数据库和电子资源的不断研发和推广，高校图书馆信息素养教育迎来了重要的发展机遇。为了更深入地了解国内高校图书馆信息素养教育的现状，有必要进行全面的调研，总结现有情况，分析存在的问题，并提出相应的建议，这将有助于我们更深刻地认识我国信息素养教育的发展状况，为未来的信息素养教育提供有价值的参考和借鉴。下面所引用的国内高校信息素养教育数据来自吴瑾、胡永强、薛佳等于2021年通过网络问卷对国内570所高校图书馆（包括401所本科院校和169所高职高专院校）开展信息素养教育工作情况进行的调研。这项调查具有广泛的覆盖面、新颖的资料来源，以及高度的代表性和权威性。

调研内容：涵盖了信息素质教育的8个方面，包括硬件设施、师资配备、课程建设、专题培训、新生入馆教育、嵌入式教学、读者活动以及在线信息素质教育。总共设置了76个问题，成功收回了570份问卷，来自全国31个省、市、自治区的401所本科院校和169所高职高专院校，具有很高的代表性和广泛性。

（1）师资队伍建设

师资队伍建设在信息素养教育工作中占据着举足轻重的地位。从图2-1中可以得出，各图书馆在信息素养教育教师的数量上存在一定的不平

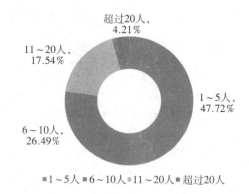

图 2-1 高校图书馆信息素养教师人数占比统计

衡。具体来说,参与信息素养教育的教师数量平均值为 7.5 人,中位值为 5 人。其中,有 47.72% 的图书馆拥有 1~5 名教师,26.49% 的图书馆有 6~10 名教师,17.54% 的图书馆有 11~20 名教师,而超过 20 名教师的图书馆仅占 4.21%。这表明,在信息素养教育教师的配置上,各图书馆之间存在一定的差异。信息素养教育教师团队的组成相对多元。除了图书馆馆员这一核心力量外,还有 33.68% 的图书馆邀请了数据库商的培训人员参与信息素养教育,17.19% 的图书馆则邀请了学院专业教师参与信息素养培训。

(2)课程建设情况

1)课程性质。在信息素养课程性质方面,选修课占据了主导地位,占有效问卷的 71.88%。另有 19.5% 的课程根据学科属性进行了分类,如文科、理科或科技类、文史类。除此之外,其余课程均为普及性的信息素养教育课程,适用于各类学生。

2)授课对象。在参与调研的 570 所图书馆中,共有 417 所图书馆开设了信息素养学分课程。其中本科高校图书馆有 331 所,开课率达 82.79%;高职院校共有 86 所,开课率为 50.89%。授课对象主要面向本科生,同时也涵盖硕士及博士研究生。在开设学分课程的417所图书馆中,所有图书馆都面向本科生开设课程,有113所图书馆为硕士研究生开设了课程,占学分课程的27.10%,25所图书馆则为博士研究生提供了课程,占学分课程的5.99%,如图2-2。在每学期的单门课程授课人数分布上,存在不均衡现象。最多的是100~500人的课程,占有效问卷的39.77%。其次是100人以内的课程,占有效问卷的27.41%。而授课人数超过1000人的课程仅占22.87%。这显示出各图书馆在信息素养教育课程规模和受众群体上存在一定的差异和多样性。

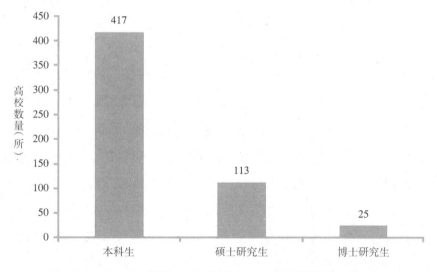

图2-2　面向不同授课对象开设信息检索学分课程分布情况

3)教学内容和教学方法。教学内容涉及信息检索相关内容的学校情况如图2-3所示,信息检索基础知识537所,占94.21%;数据库使用方法528所,占92.63%;网络资源及网络检索工具477所,占83.68%;图书馆网站的利用475所,占83.33%;OPAC使用方法368所,占64.56%;论文写作与投稿362所,占63.51%;信息道德308所,占54.04%;工具

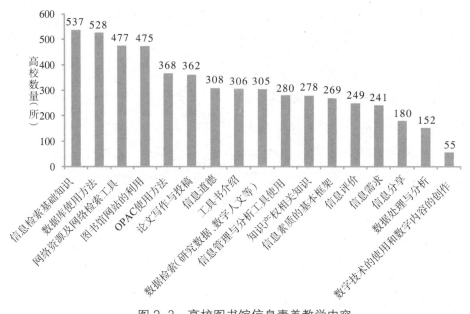

图 2-3 高校图书馆信息素养教学内容

书介绍 306 所，占 53.68%；数据检索（研究数据、数字人文等）305 所，占 53.51%；信息管理与分析工具使用 280，占 49.12%；知识产权相关知识 278 所，占 48.77%；信息素质的基本框架 269 所，占 47.19%；信息评价 249 所，占 43.68%；信息需求 241 所，占 42.28%；信息分享 180 所，占 31.58%；数据处理与分析 152 所，占 26.67%；数字技术的使用和数字内容的创作 55 所，占 9.65%，其中，信息检索基础知识和数据库使用方法覆盖范围最大，几乎每所学校都有涉及，而信息分享和数据处理与分析的有关内容相对偏少，数字技术方面内容更加缺乏。

各高校图书馆信息素养教育课堂教学采用教师课堂讲授与演示、学生上机实践相结合教学形式的占 94.04%；在教学实践中综合运用任务驱动、项目驱动、PBL 教学法、Big6 教学法、案例分析、TBL 教学法、分组讨论等多种教学方法，融合多元教学方法、教学手段进行课程改革的占

88.07%；采用双线混融（线上线下相融合）的教学模式的占 66.91%，并在线下课堂中运用 MOOC、微课资源进行混合式教学。

（3）教育模式

信息素养教育的主要教育模式涵盖多个方面，包括通识教育，如信息检索相关课程，旨在培养学生基本的信息获取和处理能力；新生入馆培训，为新生提供图书馆资源使用的入门指导；专题培训讲座，针对特定主题或技能进行深入研讨和交流；嵌入式教学，将信息素养教育融入其他学科教学中，提升学生在专业领域的信息素养；在线信息素养教育，利用网络平台为学生提供灵活多样的学习资源和机会。这些教学模式共同构成了信息素养教育的完整体系，旨在全面培养和提升学生的信息素养能力及水平。

调研结果表明，在接受调查的 570 所高校图书馆中，有 417 所图书馆为本科生（包括高职专科层次）开设了至少一门相关课程，这一比例占到总数的 73.33%，其中本科院校开课率达 82.79%，高职院校开课率为 50.89%。这表明大多数高校图书馆都为本科生开设了信息素养通识教育课程。

在新生入馆教育的覆盖面及参与度方面，超过 65.61% 的图书馆规定所有新生必须参与新生入馆教育活动，约 43.33% 的图书馆与学校其他职能部门协同工作，将新生入馆教育正式纳入学校的新生教育计划中，进行统一规划与实施。有 73.33% 的图书馆能够确保参与入馆教育的新生比例超过 80%。新生入馆教育包括现场参观讲解、新生培训讲座、新生教育微信端服务、发放纸质材料、线上入馆教育和设置线上新生专栏等形式，多数图书馆采取了线上线下相结合的多元化教育方式。从图 2-4 新生入馆教育形式可得出，76.14% 的图书馆提供了现场参观与讲解的环节，75.09% 的图书馆举办了新生培训讲座，而 62.46% 的图书馆则发放了新生手册等

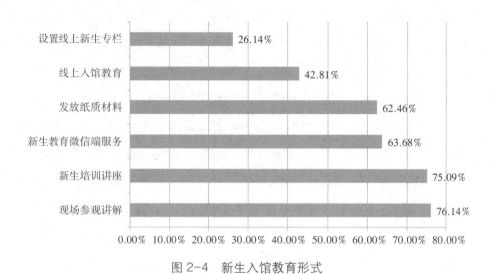

图 2-4　新生入馆教育形式

相关材料。此外，63.68%的图书馆通过微信平台为新生提供了教育服务，42.81%的图书馆引入了直播课程、视频课程以及闯关答题等线上教育模式。同时，也有26.14%的图书馆特别设置了新生专栏，以提供更加针对性的信息和指导。这些多样化的教育形式共同构成了新生入馆教育的完整框架，帮助新生更好地融入图书馆的学习环境。专题培训讲座内容丰富，涉及信息检索基础知识、如何利用图书馆的资源、图书馆提供的各项服务、专利知识、论文写作、信息工具使用、学科资源的挖掘与利用、健康信息检索、信息鉴别和数字人文专题培训讲座等。经过实践验证，有针对性地开展培训讲座和新生入馆教育是提升全校学生信息素养、优化图书馆服务、发挥图书馆优势的关键策略和突破口。这些活动不仅能够帮助学生提高信息获取和处理的能力，还能使图书馆更好地发挥其在信息素养教育中的核心作用，从而实现资源的优化配置和服务质量的提升。

自2000年以来，高校图书馆逐渐引入了嵌入式教学服务。经过20多年的持续努力，接受调查的570所图书馆中已有118所开展了嵌入式教学工作,占受调研图书馆总数的 20.7%,这些图书馆主要分布在本科院校中,其中72.88%的图书馆已经形成了稳定的嵌入式教学模式。数据表明,目前嵌入课程的数量仍然相对较少,大多数图书馆仅提供了1~2门课程,占据了61.74%的比例。东北师范大学图书馆在嵌入式教学方面表现出色,已经嵌入了20余门课程,并且已经实现了常态化。这显示出嵌入式教学服务在高校图书馆中的逐渐普及和深入发展。

嵌入式教学包括实体嵌入式服务形式和虚拟嵌入式服务形式两种模式。实体嵌入式教学主要采取课堂讲授知识、互动答疑、参与课程设计、收集反馈信息用于调整、评判学生课业成果等服务形式。其中,课堂讲授知识是大部分图书馆采取的主要方式,占调研图书馆总数的 89.09%。虚拟嵌入式教学包括提供学科相关的网络学术资源、学科相关的教学课件、教学参考书目、信息素养实习题与指南,以及利用即时通信工具进行在线咨询互动等形式。大多数图书馆倾向于提供学科相关的网络学术资源,占调研图书馆总数的 84.72%;提供学科相关的教学课件、教学参考书目、信息素养实习题与指南,以及利用即时通信工具进行在线咨询互动等,也是高校图书馆普遍采用的教学方式。

在线教育服务主要包括在图书馆主页设置信息素养教育专栏,利用微信平台提供信息发布、资源推介,提供线上培训讲座、微课堂、微视频等在线学习服务,建立信息素养教育专用平台(包括信息发布、在线练习、线上教学以及信息素养教育资源组织和揭示,为教师提供组卷、阅卷和成绩发布等功能),提供系统、全面的信息素养教育服务。此外,在线上教学资源建设方面,有9.12%的图书馆开设了信息素养教育慕课,有26.32%的图书馆每年自制信息素养教育短视频并进行发布。

读者活动也是提升信息素养教育的教育模式,主要形式包括读书会、竞赛、专家报告、数字资源宣传月/周、书展等主题活动,其中,读书会和竞赛是最受欢迎的主要教学模式，占比分别为78.25%和74.91%。读书会不仅能够拓展学生的学术视野，还能丰富他们在其他领域的知识储备，因此在信息素养教育中发挥着独特的积极作用。

近年来，国内高校图书馆在信息素养教育方面积极创新，不仅扩大和延伸了读者活动的规模和内容，还通过举办各类信息素养大赛和开放数据创新研究大赛，激发了学生和教师对信息素养的关注与热情。例如，教育部高校图工委和全国财经高校图书情报专业委员会分别组织了全国高职院校和财经高校的信息素养大赛，而上海地区高校则联合举办了开放数据创新研究大赛，推动数据资源的开放共享和创新应用。安徽省自2013年起，每年举办高校研究生信息素养夏令营，通过系列活动提升营员的信息获取、分析与处理能力。这些举措不仅提升了学生的信息素养水平，也促进了高校间的交流与合作。

（4）高校信息素养教育呈现的特点

1）逐步转向多元素养的培养。信息素养教育正逐渐从单纯的文献信息检索技能训练转向全面提升信息利用能力，更加注重培养大学生的信息意识、信息思维以及多元素养。教育目标不仅仅是教会他们如何检索信息，更重要的是培养他们在生活、学习、研究和工作中有效运用信息及信息技术的能力。除了传统的"文献信息检索"课程，还开设了论文写作、信息分析、信息工具使用、学术规范、数据检索与管理等多元素养课程。[16]授课内容更加聚焦于教授学生科学有效的信息问题解决方法和规范的学术研究流程，旨在培养他们的批判性思维。

2）采用多元化的教育模式。各图书馆在信息素养教育中采用了混合教育模式，结合了学分课程、专题培训讲座、竞赛、沙龙、读书会等实践性教学活动。许多图书馆推进个性化的嵌入式教学，将信息素养教育融入专业课程，以提升学生的专业能力。在教学方法上，多数图书馆应用建构主义理论的案例教学法、PBL 教学法等，构建情境化教学模式。同时，除了线下教学，线上教育方式如 MOOC、微课、直播课和自媒体推文等也被广泛应用。这种立体化教学模式结合了理论与实践、通识性与个性化以及线上线下教学，以适应不同层次的学习需求和教学目标。

3）信息素养教育开始数字化转型。随着信息技术环境的优化，信息素养教育模式正由传统转向数字化。新冠疫情期间，线上教学成为主流，加速了数字化转型。调研显示，图书馆广泛使用线上教学、培训，并融入直播、答题等数字化内容。微视频、自媒体推文等数字化形式也被融入教育体系。专业线上教学工具、直播平台和商业化教学平台被广泛应用。数字化教学资源积累丰富，包括慕课资源、品牌化微课堂等。高校图书馆的信息素养教育在教学模式、手段和资源上已呈现数字化形态，正式开启数字化转型之路。

4）与专业融合的嵌入式教学逐步深化。嵌入式教学在图书馆中的开展比例有所上升，许多图书馆正积极探索与专业教学的融合方式。除了将文献检索知识嵌入专业课程，部分图书馆还尝试通过嵌入研究方法、任务导向等形式与专业课程深度融合，以提升大学生的综合信息素养，进而助力其专业学习、研究能力和未来职业规划。例如，上海交通大学图书馆在新生研讨课中嵌入信息检索与利用等内容，帮助学生建立信息思维，进一步强化信息素养教育的实践性。

2. 对国内高校信息素养教育现状的思考

（1）加强学校重视，纳入人才培养体系

高校信息素养教育主要由图书馆主导，缺乏学校的统筹规划，推进难度较大。调研显示，图书馆开设的课程多为选修课，受教育人数有限，覆盖面有待提升。嵌入式教学仅少数图书馆得到学校职能部门协助，师资队伍的合作多为志愿式，缺乏学校层面的支持。因此，信息素养教育需获得学校重视,通过顶层设计纳入人才培养体系,完善教育机制,以提升学生综合素养。

(2)深化专业融合的嵌入式教学

信息素养教育需通过实际研究与应用中的真实任务来全面增强信息处理能力与思维方式。信息素养教育不能局限于学习层面,还需要涉及真实的研究与应用场景。高校图书馆嵌入专业学习的信息素养教育目前多集中在文献检索知识,将信息的获取、管理、使用、评价全程嵌入学习、研究过程的图书馆仍较少。为推动信息技术与教学的深度融合,图书馆与专业教师需要加强沟通与合作,深入分析学生专业能力培养所需的信息能力,制定与专业教学深度融合的嵌入式教学方案,以提升学生的科研创新和实践能力。

(3)加强教师专业培训,提升专业能力

信息环境变迁和科研范式演化扩展了信息素养内涵,信息素养教育涵盖了多元素养等各方面知识。目前,图书馆信息素养教育教师知识储备不足,难以胜任专业性强的课程内容,如信息分析、数据管理、知识产权、数字人文等。调研显示,教师需补充知识包括信息管理工具使用、信息可视化、知识产权等。因此,需通过业务培训更新教师知识结构,提升教师专业能力,并建立师资协同机制,整合力量,打造专业互补的信息素养教育团队。

2.3 信息素养教育新目标

随着信息社会的不断发展,信息素养概念的内涵也在不断拓展。最初,信息素养主要强调检索技能的重要性,后来逐渐演变为对信息评价和利用能力的重视,进一步发展为对解决问题能力和批判性思维的重视。随着信息素养概念的不断调整,信息素养教育的内涵也不断拓展与延伸,以适应新的环境变化。伴随着高等教育的变革,高等教育理念受到建构主义、情境学习和分布式认知等新学习理论的影响正在经历转变。新的学习理论强调学生的主动性、知识的协作建构、真实活动中的意义建构以及个体和社会认知网络的共享和构建,推动了高等教育授课形式从传统的教师课堂讲授向学生自主情境学习转变;高等教育模式受到互联网和移动互联网络普及的影响,也正在发生转变。现代教育技术支持了新的教育形式的实现,如翻转课堂、大规模开放在线课程(MOOC)、移动学习和创客空间等。[17]高校学生越来越多地利用互联网获取知识、交流信息。高等教育模式也随之发生了变化,在线学习、移动学习和协作学习、混合式学习等多种形式正受到青睐。与此同时,人工智能技术的快速发展,对高校图书馆信息素养教育提出了更高的要求。数智时代的信息素养教育需要融入人工智能素养教育,重点提升师生对人工智能认知的理解能力和人工智能工具的使用能力,培养人工智能意识,理解和思考人工智能对社会、伦理的影响。人工智能大语言模式作为人机交互的重要的信息工具,也是信息素养教育的核心内容之一。当前,信息环境新生态、高等教育理念与模式以及人工智能技术快速变化等新的变化给信息素养教育带来了新的挑战。信息生态数字化时代为信息的查找、获取、生产和共享提供了便利,但同时也导致了信息量的激增和类型的多样化,使得信息选择和利用变得更加困难。而高等教育理念、模式的变化,使信息素养教育更加全面地关注信息活动的整个过程和各个阶段,更加注重培养学生的个人成长和终身学习能力,而不仅仅局限于传统的技能传授和满足于短暂的教育目标。在数智时代背景下,高校图书馆需要不断地更新和完善信息素养内涵建设以及信息素养教育课程体系,通过对数字素养、数据素养、媒体素养、人工智能素养等相关概念的整合,拓展信息素养概念内涵,以适应快速变化的信息环境和社会发展的需要。因此，笔者将信息素养内涵界定为：信息素养是一种贯穿于信息活动全过程的综合能力，包括信息发现和获取、信息使用和评价、信息整合和生产与协作、信息分享等能力。它不仅关注信息的检索和使用，还注重信息实践和思维习惯的培养以及应对复杂环境下的资源需求能力。

  在数字化转型、数智社会快速发展的时代背景下，信息素养概念的内涵不断拓展，促使高校信息素养教育目标也在不断深化。基于信息技术的进步和高等教育理念、模式的转变，高校信息素养教育应关注学生的主体作用，培养学生的信息活动实践、终身学习能力和思维习惯等方面的信息综合能力，将信息素养教育贯穿于信息活动的全过程。新时代要求高校信息素养教育不仅培养学生的信息检索技能，还要重视学生的信息实践（包括信息使用与评价能力、整合与生产能力）和思维习惯的培养。在教学实践中，应营造参与式的信息环境，引导学生形成信息协作与共享意识[18]，把信息素养的技能范畴从传统的对信息的查找、评估、理解与获取能力扩展到对信息的使用、整合、生产以及在多种参与式信息环境中共享信息并开展合作的能力。信息素养教育关注学习者在信息活动模式、信息方法与手段方面的变化，强调信息素养是学习者在终身学习、研究和职业生涯中需要具备的一系列持续的学习能力、信息实践与思维习惯等。因此，笔者将信息素养教育新目标描述为：在新信息环境和信息技术发展的背景下，面向研究和发展过程中信息活动的各阶段，信息素养教育应全面培养学习者的信息能力，包括情感、行为、认知和批判性思维等方面。这不仅包括对信息的查找、评估、理解和获取能力，还包括对信息的使用、整合、生产和共享能力。信息素养教育还应帮助学习者树立正确的信息消费、生产和共享态度以及行为操守，并培养他们在各种参与式信息环境中共享和合作的能力。[18] 其中，培养面向信息活动的批判性思维是核心。

2.4 信息素养教育内容

教材是课程内容的主要组成部分,是课程开展的主要依据。国内外在信息素养的研究及实践、教材和教学内容的选择等方面,存在着诸多差异。

调查结果表明,美国等发达国家的信息素养教材已经形成了比较统一的体系,能够全面而深入地反映信息素养教育的内容和特点。这种体系有助于提高信息素养教育的质量和效果,为培养学习者的信息素养提供了有力的支持。信息素养教材内容涉及信息素养教育的背景、定义及历史、结构、规划与发展、模式等多个方面。除了较全面的信息素养教材之外,还有专为教师提供指导、专为学生学习的专业化的教材以及关于信息素养评价方面的教材等。这些书籍从宏观的角度涵盖了信息素养的各个方面,包括信息意识、信息能力、媒体素养以及终生学习等。这不仅超越了信息检索能力的范围,还扩展到了图书馆和计算机素养之外,对信息素养教育起到了积极的推动和辅助作用,为培养学习者的全面信息素养提供了有力的支持。在实际教学方面,许多发达国家经过长时间的发展和改革,积累了丰富的经验,形成了较为完善的信息素养教育体系。课程内容较为完整地涵盖了获取信息的意识、知识、能力和道德多个方面,培养学生获取信息、分析信息、利用信息、评价信息的能力以及信息道德;课程形式包括文献和网络信息的检索、在线信息素养教育;课程设置基于信息获取、利用和评价的整个过程进行逻辑设计,注重通用性内容的讲授,而非局限于具体工具和方法的使用介绍。这种整体性的课程设计有助于培养学生的信息素养综合能力,包括信息检索、评估和使用等方面,以及树立正确的信息态度和行为习惯。

相对而言，国内高校信息素养教育存在教育资源有限、教材内容多与信息检索相关、教材设计总体上缺乏体系、教材和教学内容更新缓慢无法满足学生需求、学生参与度低等问题，这些问题限制了信息素养教育的有效开展。信息素养教育工作者需要重新设计信息素养教育内容，寻求更多的教育资源，加快教材和教学内容的更新速度，并提高学生参与度，以提升信息素养教育的质量和效果。

数智时代，随着信息素养内涵的不断拓展、信息素养教育目标的不断深化，信息素养教育的内容也随之扩充。信息素养教育内容的设计将依据《框架》标准，围绕信息素养教育新目标，对课程内容进行梳理，研究教育目标、概念、课程规划、评价标准及开展多种形式的培训讲座等。高校信息素养教育内容设计应强调学生的主体作用，以学生为中心，支持泛在学习。将学生专业发展需求与研究创新活动相结合，将信息素养融入学生的各种学习平台和阶段，提供随时随地的学习支持；营造参与式的信息环境，支持情境学习，结合真实情境设计教学内容和环节，增强学生对信息需求和信息行为的理解，提高解决实际问题的能力；引导学生形成信息协作与共享意识，支持协作式学习，利用网络环境和信息交流技术，让学生分享学习经验和资料，获得最佳学习效果；重视合作，与教务处、各学科的教师进行密切合作，将信息素养整合到具体的学科背景中协同增效；加强对多样化信息资源、信息分析、信息组织、信息价值评估、信息传播、信息伦理以及人工智能素养技能等教育内容的研究和设计，培养学生的信息素养综合能力，使他们能够更好地应对复杂的信息环境。

2.5 信息素养教育模式

高校信息素养教育从20世纪80年代科技文献检索课发展开始。1981

年，国家教委正式颁布了《中华人民共和国高等学校图书馆工作条例》，首次明确规定了高校图书馆需要开设情报教育课程，并将"文检课"纳入其中。在此背景下，沈阳工业学院等多所高校积极响应，纷纷开设了科技文献检索的选修课，这一举措标志着我国高等教育在信息素养培养方面迈出了重要的一步。1984年，教育部发布《关于在高等学校开设文献检索与利用课的意见》，激发更多高校积极开设文献检索相关课程，进而促进了高校文献检索教育的迅速发展与普及。2002年，教育部印发了《普通高等学校图书馆规程（修订）》，"高等学校图书馆积极采用现代技术，实行科学管理，最大限度地满足读者的需要，为学校的教学和科学研究提供切实有效的文献信息保障"[19]。2002年底，武汉大学积极响应文件要求，成立了我国高校首家信息素质教研室，在不同校区设计相应的课程体系，初步具备了服务各校区的信息素养教育能力，成为信息素养教育课程的雏形。随着信息技术快速发展，信息素养内涵的延伸，信息素养教育内涵的不断深化，高校文献检索课程名称也发生了变化，由"科技文献检索"改为"信息检索与利用""信息检索""信息素养"等。凭借计算机技术和互联网技术的快速发展，信息检索课程在信息科学时代背景下得到了空前发展，各高校信息素养教育培养途径由原来单一的文献检索课程向新生入馆教育、专题讲座培训、读者活动等多元化发展。

信息素养教育课程普遍属于非专业性的通识教育课程，许多高校通常以选修课或必修课的模式来开设。在教育实践探索中，各高校开始意识到信息素养任课教师与学校其他专业课教师开展深入合作的可能性及必要性，意识到只有采取多方协作才能更好地进一步深化和提高学生的信息素养。各高校开始有意识地探索将信息素养课程内容和专业课程内容进行融合，即在通识课程基础上发展信息素养嵌入式教育（Course-Integrated Instruction），简称整合教育或整合教学。许多高校将信息素养教育嵌入到医学、船舶等多种学科的课程中去。实践表明，信息素养能力的培养不仅可以通过通识教育途径实现，还能在整合教育的模式下得到进一步强化和提升。

随着互联网的快速发展，有些高校利用网络教学平台开展文献检索课程在线教学，有些高校开始开发与维护在线教学平台，有些高校合作开展了教育资源建设，进行信息素养教育资源共享。随着互联网的进一步高速发展以及社交媒体不断涌现，用户获取信息的渠道和信息素养水平的不断提高，线上课程丰富多彩，高校信息素养教育的教学模式、教学手段和教育方式也发生了巨大的变化。线上线下双线混融的课程教学、慕课、虚拟课堂、公开课、学堂在线等多种教学资源不断涌现，教学模式也从单一的文献检索课程转变为多元化的教学模式，信息素养教育也呈现出开放化、协作化和社区化的特点，如图情博客、信息素养相关网络社区、微信群、QQ群等，学生可以随时随地进行自主学习、交流思想。

目前高校图书馆信息素养教育的三种主要模式包括通识教育、嵌入式教育和在线教育。

2.5.1 通识教育

信息素养通识教育汲取了国内外图书馆学和教育学的相关研究成果，根据高等教育人才培养目标和大学生的特点，为大学生提供了全面的信息分析和获取的知识与技能培训，得到快速的普及与推广，是信息素养教育的主要形式。在此基础上，整合教育通过结合信息素养内容与专业问题，使学生在完成学科作业的过程中运用信息技能，这不仅促进了专业学习，还提升了学生的信息素养，从而有效地弥补了通识教育在某些方面的不足。因此，在高校信息素养教育中，通识教育起到了基础和引导的作用，而嵌入式教育与在线教育则是对通识教育的拓展、延伸、补充和深化。这几种教育模式各有其独特优势，互为补充，共同构成了高校信息素养教育的完整体系。

从教育的服务形式来看,国内外高校信息素养通识教育服务形式通过公选课和图书馆专题培训两种途径实现。各大高校图书馆均设立了关于信息素养教育的全校性公共选修课程,授课老师主要来自图书馆或相关领域。课程的考核主要包括期中考试、期末考试以及少量的课堂作业。以清华大学图书馆为例,其开设的全校通识课"信息素养——学术研究的必备能力"共计16个学时,计1个学分,考核方式包括笔试、平时作业以及课堂讨论。从实现途径来看,高校信息素养通识教育可以分为传统面授型教学和网络授课两种形式。各高校根据自身情况的不同,在这两种课程形式的结合上有所侧重。

同时,图书馆的专题培训包括新生入馆教育和专题讲座。许多高校图书馆在新生入学后进行新生入馆教育,帮助新生快速了解图书馆,建立大学生的信息意识。新生入馆教育结合了线上、线下多种形式,包括现场参观讲解、新生培训讲座、发放新生手册、新生教育微信端服务、线上入馆教育和设置线上新生专栏等。有些图书馆开展了创新活动,如华中农业大学制作了"图书馆云参观视频",东南大学图书馆举办"百战书虫"知识竞赛,山东大学图书馆利用"新生入学通知书"介绍图书馆资源和服务。同时,各图书馆定期或不定期地开展专题系列讲座活动,根据本馆实际情况安排培训场次,培训时长在30~60分钟不等。讲座内容涉及信息检索基础知识、如何利用图书馆的资源、图书馆提供的各项服务、专利知识、论文写作、信息工具使用、学科资源的挖掘与利用、健康信息检索、信息鉴别和数字人文等。

2.5.2 嵌入式教育

整合教育或嵌入式教育需同时满足专业课程教学目标和信息素养教育

要求，并对两者进行检测与评估。信息素养教育的内容与通识教育相似，包括信息意识、信息知识、信息能力和信息安全道德等要素。不同于传统讲授方式，嵌入式教育将信息素养内容融入专业课程学习中，通过教师创设情景、提出问题或由学生发现问题，设计方案并运用多种工具解决问题。在整个过程中，教师扮演指导者和支持者的角色，而学生则需通过探索与合作完成学科任务。这种教学模式旨在提升学生的信息素养，同时促进学科知识的学习和应用。

在欧美及澳大利亚等发达国家和地区，许多教育工作者及学者对嵌入式信息素养教育进行了广泛而深入的研究。普遍认为，嵌入式教育方式不仅深入透彻，而且能够精准地满足学生的个性化需求，具有强大的吸引力，实施效果也非常显著。嵌入式信息素养教育被高度赞誉为信息素养培养的最佳方法。深入剖析国外嵌入式信息素养教育的成功范例，可以总结出以下四点显著特征：首先，无论是学生还是教师，国外大学群体的信息意识普遍较为强烈，而且他们从中小学时期就开始接受系统而连续的信息素养教育。其次，在教学方法上，多采用问题导向式和基于资源的探究学习模式，鼓励学生主动探索新知识，实现知识的自我构建。再次，欧美地区的高校图书馆普遍采纳了学科馆员制度，且学科馆员数量充足，学科覆盖率高，能够为学生提供更为专业和全面的信息服务。最后，建立了一套完备且高效的嵌入式信息素养标准和评估体系，以确保信息素养教育的质量和效果。[18]

自2000年起，高校图书馆逐步引入嵌入式教学服务，经过20多年的发展，20.7%的受调研图书馆已实施嵌入式教学模式，主要集中在本科院校。其中，超过72.88%的图书馆已形成稳定的嵌入式教学流程。数据表明，嵌入课程数量整体偏少，近61.74%的图书馆仅提供1至2门课程。而东北师范大学图书馆在嵌入式教学上表现卓越，已成功嵌入20余门课程并实现常态化,体现了该服务在高校图书馆中的逐渐普及与深化。

嵌入式教学主要分为实体嵌入和虚拟嵌入两种形式。实体嵌入式教学侧重于课堂内的互动,包括知识讲授、答疑、课程设计参与和学生课业成果的评判,其中课堂讲授知识是最主要的方式,占调研图书馆总数的89.09%。虚拟嵌入式教学则依托网络平台,提供学科相关的学术资源、教学课件、参考书目、信息素养指南和在线咨询服务,其中网络学术资源最受欢迎,超过84.72%的图书馆提供此类服务。此外,教学课件、参考书目、实习题和在线咨询等也是图书馆普遍采用的教学方式。

按照嵌入的深入程度和覆盖范围,高校图书馆的嵌入式信息素养教育分为三种类型:一是部分嵌入式课堂教学,指图书馆员根据特定需求,采取一次或几次培训讲座或者课程指导的方式,提供针对性的培训讲座或课程指导,并将其有机融入现有教学模式中。这种方式在国内高校中较为常见,但图书馆员通常不参与学生的课程作业和期末成绩考核。二是分层次嵌入式教学模式,基于学生个性化需求,根据不同层次和阶段循序渐进地嵌入信息素养教学内容。美国加州大学早在20世纪90年代就进行了分层嵌入实践,如针对不同课程内容嵌入相应的信息素养教育内容。国内高校图书馆也开始注重分层次、多角度嵌入,但与专业课的结合案例较少。该模式旨在确保不同学习阶段的教育效果,提高学生的信息素养能力。三是全程合作式课堂教学,图书馆员与专业课教师深度合作的教学模式,共同设计、开发嵌入式课程,并全程参与。考核内容包括专业课知识和信息素养。该模式在国外早有实践,国内如上海交通大学、中南财经政法大学等高校也在探索。这种模式契合度高、针对性强,能显著提高学生信息素养能力,拓展学科服务范围,提升图书馆形象和地位。[20]

国内高校在嵌入式信息素质教育方面虽然取得了一定的理论和实践成果,但仍存在几个共性问题:首先,国内嵌入式信息素质教育的实践仍处于探索和起步阶段,由于各高校管理体制、专业素质以及院系间沟通协调等方面的因素,难以实现真正意义上的信息素养教育,尚未形成普适性的教育模式,推广难度较大。其次,课程设置零散,学科覆盖率低,缺乏系统和深入的教学计划。再次,具备学科背景的信息素养教育师资不足,导致教学内容难以深入和系统。最后,信息素养教育的重心多放在资源介绍和检索技巧上,未能将专业与信息素养教育有效结合在考核和评价体系中。

图书馆员在高校信息素养教育中扮演着重要角色,不仅是公共选修课程的主讲者,还需与专业教师、教学管理者等紧密合作。新教学模式下,图书馆员需突破专业教学与信息素养教育界限,实现相互渗透与提高,开展嵌入式课程。将信息素养教学与各学科专业教学内容紧密结合,融入相关教学内容,培养学生连续的信息需求,激发其寻找和利用信息的动力,强化信息素养能力。此外,图书馆员还需设计小组项目,引入情景学习和翻转课堂等形式,将信息素养纳入学习成果评估,促进学生从信息消费者向信息制造者转变。同时,图书馆员需与教学管理机构沟通,提高其对信息素养教育的重视程度,促进相关教学及实践机制的完善,提供课时和课程序列的灵活性,并加强与其他支持学习、创新课程的联系,将不同层级的信息素养概念融入不同专业、不同水平的课程中。

2.5.3 在线教育

在线信息素养教育,即网络型信息素养教育模式,是随着技术演变而逐渐兴起的一种新型教育方式。在线信息素养教育利用计算机和现代化技术,通过网络教学提升用户的信息意识、信息能力和信息道德。[21] 在线信息素养教育作为传统课堂教学和图书馆用户教育的拓展与补充,基于资源和问题的自主学习模式,具有时空灵活、内容开放、交互性强、个性化及形象化等特点，符合现代大学生的信息行为特征、需求特点和学习习惯。在线信息素养教育的教育模式不仅有利于培养学生的自主学习意识和激发其创造力，还能解决教育资源不均衡的问题，推动教育公平，已成为信息素养教育的发展趋势。我国主要从引介和学习美国模式开始发展在线信息素养教育。

高校图书馆在用户信息素养教育中扮演着重要角色，已有30余年的研究与实践历程。传统信息素养教育主要围绕新生入馆教育和线下培训讲座进行。随着新媒体技术的演进，在线信息素养教育逐渐成为主流，并逐渐成熟。近年来，部分高校图书馆已对在线信息素养教育进行了创新改革，从线下转向线上，融入微视频、慕课等新媒体元素。在线信息素养教育不仅拓展了传统教育的边界，还成为高校图书馆用户教育的重要组成部分。在当前的网络化、泛在化和碎片化学习环境中，在线信息素养教育满足了用户的个性化需求，并与信息技术紧密结合。与传统方式相比，它提供了更多样化的学习途径，并具备个性化、创新性和持久性的特点。

1. 在线信息素养教育存在的问题

（1）在线信息素养教育发展不平衡

高校图书馆在线信息素养教育发展不平衡，主要是由于重视程度和投入精力不均。多数图书馆仍侧重传统面授，忽视在线信息素养教育，导致平台利用不足、内容更新慢、互动沟通少，难以满足用户需求。信息素养教育课程常被设为选修课，学生了解程度低，反响不佳。图书馆需加强在线信息素养教育的重视和投入，提高平台利用率，增加互动沟通，以更好地满足学生需求。

（2）在线信息素养教育内容不完整

目前高校图书馆在线信息素养教育存在内容不完整的问题，主要侧重于信息知识、信息能力和信息工具方面，忽视了信息道德和信息法律的培养,导致重技能、轻伦理的现状。同时,图书馆对新媒体平台功能的挖掘不够深入,内容专深度不足。图书馆在网页建设中更重视新生入馆教育,其他类型的信息素养教育涉及较少,且提供的课件资源有限,无法满足用户深层次需求。在微信公众号中,信息素养教育仅限于通知发布和活动宣传,微课资源分散且缺乏统一归类。微博平台上的信息素养教育内容数量不足,更新滞后,用户反馈不佳。此外,高校缺乏对MOOC平台课程开发的意识,很多线下课程未进行线上推广。这表明高校图书馆在内容深入探索和利用新媒体平台开展在线信息素养教育方面仍有待加强。

许多高校图书馆提供的在线信息素养教育缺乏用户群体细分,主要面向大一、大二学生,忽视研究生群体。不同用户的知识水平和需求层次各异,缺乏层次性和递进性的教学难以发挥最大效果。教学内容同质化,未结合用户学科背景进行设计。半数高校图书馆开展的知识活动和技能竞赛形式陈旧,缺乏趣味性和创新性。信息检索课程通常枯燥,缺乏个性化服务,难以满足用户个性化需求。

(3)在线教育资源开放共享程度不高

高校图书馆在线教育资源开放共享程度不高,应更重视资源开放共享。调查发现许多高校图书馆存在封闭意识,设置了IP权限,限制了校外用户访问。部分高校仅对校内开放教育资源和信息素养平台,导致资源受益面狭窄,易引发重复建设和资源浪费。资源共享是实现平台建设的关键,由于图书馆共享意识薄弱,可共享资源有限,合作不足,制约了在线信息素养教育的开展,也导致各校师生信息素养能力差异和失衡。

(4)在线信息素养教育团队建设不足

高校图书馆在线信息素养教育团队建设不足,缺乏新媒体运营、活动策划、视频制作和创新思维等能力。馆员的信息素养、教学和组织能力直接影响信息服务质量和学生信息素养水平。当前,信息素养教育多由图书馆参考咨询部或学科服务部负责,缺乏专门部门。随着大数据和用户需求变化,馆员能力面临挑战,专业人才稀缺。目前,仅少数高校图书馆开展馆员培训活动,且存在培训方式单一、缺乏统一标准和系统资源等问题,导致馆员能力参差不齐。

2. 在线信息素养教育的推进建议

(1) 重视在线信息素养教育内容建设

信息道德和信息法律是信息素养教育的关键组成部分。高校图书馆应通过专题讲座、教学等形式普及信息道德和法律知识。同时,图书馆应利用新媒体平台如网站、微信、微博和MOOC等拓展在线信息素养教育内容,提供多样化的学习方式。[21]优化网站内容,建立信息素养教育专栏,发布动态网页,利用微信公众号进行通知和答疑,挖掘微课程潜力,建立完整、逻辑性的课程体系。在微博平台上发布信息素养教育内容,收集用户反馈。借助MOOC平台创建优质、特色课程,提供便捷的移动学习体验。

图书馆针对不同层次、不同专业和不同语言的用户群体,开展面向全社会教育。挖掘用户需求,制定分层次教学目标,推送个性化信息素养教育方案和资源,设计灵活多样的专题教育活动,实施精准化培训。加强特色化和专业化资源建设,与院系合作,融入学科特点,打造信息素养教育特色品牌,既利用教学资源培养专业人才,又提升学校影响力。

(2) 坚持开放共享,加强合作开发

坚持开放共享,加强合作开发,对全面开展在线信息素养教育至关重要。高校图书馆应借鉴网络开放课程的共享理念,将本校在线信息素养资源对外开放,扩大用户受益范围。建立更大的学习平台,鼓励更多图书馆参与共建共享,丰富教育资源,实现社会效益最大化,并加强图书馆间的交流与学习。在开放共享过程中,需注意保护资源版权和隐私,采取相关技术手段进行勘测和处理。[22]

（3）加强馆员培训力度，提升专业化水平

加强馆员培训力度，提升专业化水平是图书馆发展的关键。应成立独立部门负责在线信息素养教育，统一管理和安排。通过馆内重组和馆外招聘组建全能型队伍，并开展专业化、常态化培训，提升馆员的专业素养。建立考核机制保证培训效果。学科馆员应加强与院系的交流合作，提高跨学科知识能力，满足用户需求。[23]

2.5.4 江苏大学"塔式"信息素养教育创新模式案例

江苏大学的"塔式"信息素养教育模式由塔基、塔身和塔尖三部分组成，分别对应强基础多模态教育资源、三全育人混合式教育方法和进阶型个性化的教育目标[24]，如图2-5所示。

塔基多模态教育资源由人才资源、教学资源和空间资源协同为信息素养教育提供素材和动力。其中，人才资源包含图情学科点（情报学硕士点、图情一级点和专业硕士点）、队伍管理、教学竞赛和科研项目；教学资源包含针对不同层次学生对象的自编教材、教学平台、教学案例库和查新报告库；空间资源则是未来学习中心。塔身混合式教育方法基于三全育人的全员、全过程、全方位立体网格式育人理念，把课程教学、讲座培训、品牌活动、线上线下、未来学习中心虚实教育有机结合起来，从培养对象全覆盖、培养阶段全过程、课内课外全方位、线上线下全融合等措施着手，建立立体网格式信息素养教育方法体系。针对本科生的课程体系化是探索以本为本的课程改革，教学目标以文献检索能力向终身学习能力、探究式问题解决能力和批评性思维能力转变；教学内容包含不同应用场景的通识教育加上元素养教育（数据素养、写作素养、工具素养和知识产权素养等）再加课程思政；教学方法选用PBL或CBL或OBE、工作坊或情景式或游戏化、课程地图加嵌入式教学、慕课或微课或翻转课堂或雨课

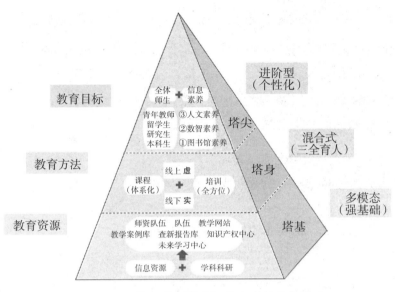

图 2-5 江苏大学"塔式"信息素养教育模式

堂；教学资源包含教材改版、机考题库更新，教学案例库、教学微课库建设等。针对研究生的课程体系化是以科研为中心的全过程教学设计；而针对中外大学生的课程体系化是融入国际素养提升信息能力。培训全方位是指内容丰富、点面结合的系列讲座培训和竞赛活动。线上线下虚实结合的翻转课堂、雨课堂和未来学习中心，线上课程包含本科生超星泛雅平台、研究生学堂在线和微信公众号微课平台。塔尖进阶型个性化的教育目标包含服务对象和教育内涵的进阶，针对服务对象（本科生、研究生、留学生和青年教师）分级开展个性化教育；教育内涵进阶是指信息素养教育内涵式发展，与时俱进开展图书馆素养、数智素养和人文素养。一是信息素养教育内容前置。从新生入学伊始，开展图书馆素养教育，快速提升新生图书馆利用能力。同时将新生入馆教育嵌入微信服务平台，学生的考试结果与读者借阅权限自动关联。二是信息素养教育内容更新。开展数智素养教育，紧跟信息技术发展潮流，不断更新信息素养教育内容。开展工具素养、数字素养、AI 素养和科研数据管理等知识培训。三是信息素养教育内容嵌入。在课程和培训中嵌入人文素养（包括课程思政、名家讲堂、辉煌一课）。以先进适配教育路径、多模态教育资源、数智时代和个性化需求促进学生的学习兴趣，提升教育效果，达到个性化教育目标进阶，促进学生的终身学习。

2.6 信息素养教育成效评价

图书馆成效评价的概念是 2008 年引入我国的，强调以用户为中心评价图书馆项目和服务的质量和效果。高校图书馆成效评价涉及图书馆服务与活动以及对学校整体目标的贡献。信息素养教育作为高校图书馆服务的重要部分，其成效评价也应受重视，即以用户为中心，评估信息素养教育对用户和教学整体目标所作贡献的质量和效果。

高校图书馆信息素养教育成效评价以学生和老师为主体。以学生为主体可直观感受教学过程和成效，有利于发现问题；以老师作为教育参与者，能整体评价学生综合能力。因此，结合两者评价有助于针对性地发现并解决问题。

在选择信息素养教育成效评价指标时，需遵循以下原则：

1. 遵循科学性与导向性相结合的原则

科学性要求指标设计必须客观、准确、可靠，并遵循高等教育和信息素养教育的规律与特性，同时考虑高校图书馆的特点，实事求是地反映评价对象的基本特点、实施过程和成效。[25] 指标应具有独立性、指向性，明确评价内容，且层次清晰，避免模糊重复。导向性则强调指标应具有正确的方向性和引导功能，能引导老师优化教学理念，创新教学内容和方法，从而促进信息素养教育的健康发展。因此，在选取指标时，需明确其内涵，确定评价标准，确保建立的指标既能反映实际情况，又能指引教育发展方向。

2. 遵循全面性与代表性相结合的原则

全面性要求指标能够全面反映信息素养教育的内涵和特点，涵盖多样的教育活动，不仅限于课堂，还包括课外学习资源、课程设置、学生学习态度和行为等。同时，不可忽视具有代表性的关键指标，这些指标与信息素养教育成效高度相关，能深刻体现其内涵。因此，在设置指标时，应兼顾全面性和代表性，确保评价结果的准确性和有效性。

3. 坚持目标性与发展性相结合的原则

指标应与信息素养教育的目标相一致，旨在通过现状分析找出问题并解决问题，以实现预期的教学目标和效果。同时，评价指标应具有前瞻性和发展性，不仅关注课堂效果，更重视学生的能力和未来发展。因此，在制定评价方案和开展成效评价时，应始终以目标为导向，同时考虑学生的成长和发展，确保评价指标具有科学性和前瞻性。

4. 遵循可测性与可操作性相结合的原则

由于评价不可能面面俱到，指标设计应简化并易于操作，同时符合实际教学情况。尽量选择具有代表性且被广泛认可的可测指标，减少不确定性。通过定性与定量相结合的方法设置指标，使用清晰、明确的行为化、结构化、操作化语言。指标数量应适当，确保可测性与可操作性的平衡。这样设计的指标才能有效评估信息素养教育成效。

第3章
信息检索与获取渠道

现代高度信息化的社会与网络环境日益普及，经济全球化推动了知识和信息的跨国界流动。在数智时代背景下，是否具备良好的信息素养，能否更好地利用各种信息工具和技术进行信息检索，能否有效地获取、鉴别、利用和分享所需信息，正逐渐成为衡量一个人是否具备高素质、自主学习能力、创新能力及创业能力的重要标志。信息检索是用户进行信息查询和获取的主要方式，是查找信息的方法和手段。信息检索的过程是提升信息素养的重要途径。通过信息检索实践，可以积累更多的信息知识，增强信息意识，提升信息能力。信息检索能力作为信息素养的核心组成部分，它体现了个人在海量信息中快速定位、筛选和整合有用资源的能力。为了提升信息检索能力，人们需要首先掌握信息检索的基本知识，了解不同信息源的特点和信息检索工具的使用技巧，学习检索策略的制定以及信息的获取渠道等。通过系统地学习信息检索的基本知识，个人不仅能够提高信息检索的效率，还能够培养自己的批判性思维，学会对信息进行深入分析和评价，进而提升自己的信息素养能力。

3.1 信息概述

3.1.1 信息、知识、文献、情报

1. 信息

信息对社会的发展是非常重要的，社会的进步是一部信息储存和传播方式变革的历史。信息时代，信息无处不在，信息和每个人的生活息息相关。

因研究角度和目的的不同，信息也有不同的定义。

从认知心理学角度来看，信息是人们通过感觉、知觉获取外界各种各样的信息，形成人类认识的原材料，是人类思维和认知的基础。

从信息论角度来看，信息是事物运动状态和存在方式的表现形式，是物质、能量、信息及其属性的标识。信息是通过物质载体以波、电磁波、声波等形式传递的。

从通信工程和计算机科学角度来看，信息是数据、信号、消息中所包含的意义、内容或知识，是处理后的某种形式的数据，具有对接收者有意义，并在当前或未来的行动和决策中具有实际的或可察觉的价值。

我国"信息"一词最早源于南唐诗人李中《暮春怀故人》一诗中"梦断美人沉信息，目穿长路倚楼台"的诗句，其中的"信息"即指消息、音信之意。

《辞海》解释信息为：①音讯、消息；②通信系统传输和处理的对象，泛指消息和信号的具体内容和意义。通常须通过处理和分析来提取。

《汉语大辞典》定义信息为：现代科学指事物发出的消息、指令、数据、符号所包含的内容。

总之，信息（information）是一切事物自身存在方式及它们之间相互关系、相互作用等运动状态的表达，信息是客观事物本身的运动，是自然

界、人类社会以及思维活动中普遍存在的现象。一切消息、知识、数据、文字、程序和情报等都是信息。

2. 知识

知识（knowledge）是人类社会实践的总结，是人的主观世界对客观世界的概括和如实反映。知识是人类通过信息对自然界、人类社会以及思维方式与运动规律的认识和掌握，是人脑通过思维重新组合的系统化的信息集合。

知识来源于信息。人类通过信息感知、认识和改造世界，通过所获取的信息创造新知识。信息被接受、经过提炼、总结以及系统化后就转化为知识。

知识分为两类：一类是显性知识，人们通过一些技术手段将文字、图形、符号、视频、音频等信息记录在载体上的知识，即文献信息；另一类是隐性知识，人类可以感知的、记忆于大脑的经验诀窍、判断联想、解决问题的思维方法等知识。

3. 文献

"文献"（document）在国家标准《文献著录第1部分：总则》中解释为"记录有知识的一切载体"。记录知识的物质载体有多种形式，包括古代的甲骨文、刻有文字和图形的碑文、竹简和帛书、纸质出版物、磁带、缩微胶片、磁盘、光盘等都是文献。

文献是静态记录的知识。文献具有两个基本的要素：一是具有知识内容，二是一种物质载体。文献是记录知识的载体，通过文献可以保存知识、传递知识，将人类的知识得到保存和传播，推动人类的科学技术和文化得以继承与发展。文献是人类智慧的结晶，是人类文化和科技发展的重要组成部分，也是学术研究和教育教学的基础资料。

4. 情报

狭义上的情报（intelligence）特指战时有关敌情的报告。广义上的情报是指运用一定的知识载体，传递给特定的用户，用以解决科研、生产、生活中具体问题的特定知识和信息。

情报是动态传递的知识。情报是人们为了解决一个特定的问题所需要的激活了、活化了的特殊知识或信息。

情报具有3个基本属性：一是知识或信息，二是要经过传递，三是要经过用户使用并产生效益。

5. 信息、知识、文献和情报之间的关系

信息、知识、文献和情报之间存在密切的关系，它们之间相互包含、转化和交叉。事物的运动产生了信息；信息是知识的基础，各种信息经过人们的加工处理、提炼总结、系统化就转化为知识。文献是记录知识的载体，通过文献可以获取知识和信息。情报则是为了解决一个特定情境问题，是经过激活、活化、利用和交流的知识。

信息、知识和情报都存在于文献之中，文献是它们的载体和传播工具。通过文献的传递和交流，人们可以获取和共享信息、知识和情报。同时，口头和实物形式的情报也存在，与文献中的信息、知识和情报形成交叉关系。

总之，信息、知识、文献和情报之间的关系是一个动态的、相互转化的过程，它们之间相互作用、相互影响，共同构成了人类知识的传递、交流和利用体系。

3.1.2 信息资源及其分类

随着信息技术和互联网的迅速发展，信息资源成为国家发展的重要战略资源，对人类的生产生活方式产生深远的影响。同时，获取高价值的有用的信息资源也越来越受到重视。

信息资源，是指人类社会活动所产生的一切文件、资料、图表和数据等信息的总称，即信息的集合和来源。信息资源包括各种信息载体、印刷型文献资料、电子型资源（数字文献资源）和各种信息机构等内容。信息资源多种多样，按照不同的分类方式可以分成不同的类别。

1. 按照载体形式分类

基于载体形式分类的文献型信息源是按照各种存储介质和存储方式划分为缩微型文献信息资源、声像型文献信息资源、印刷型文献信息资源和电子型文献信息资源（数字文献资源），各个载体的形式和特点如表3-1所示。目前，印刷型文献信息资源和数字型文献信息资源是信息资源的两种主要形式，其他类型的文献信息资源占比较少。

表3-1 信息资源按载体形式分类

类型	载体形式	特点
缩微型信息资源	通过精微摄像或录像技术将文字、图片、纸本图书等按照一定比例缩小并通过硬件设备恢复原尺寸的文献类型，包括缩微胶卷、缩微卡片和缩微平片	优点：占内存小，节约存储空间。对保存技术和保存环境要求低、保存时间长。经济成本低、提取传递简便、便于管理和检索 缺点：不便于更新和修改、利用和阅读渠道单一，必须借助专用的缩微文献设备或阅读机
声像型信息资源	声音或图像型信息资源，通过录音设备或者录像设备将科学、生产、文艺等人类活动的声音、图片和文字资料进行现场集成同步并存储的文献类型，包括歌曲唱片、录像带等，如随书教学光盘资料	优点：可视化阅读，形象直观、可记录并播放动态音视频信息，便于用户接收和利用信息知识 缺点：阅读或解码声像文献需特殊的技术手段和硬件设备，设备成本高，阅读氛围营造和环境布置要求较高

续表

类型	载体形式	特点
印刷型信息资源	以纸质材料为载体，以印刷为记录手段而形成的信息资源形式。常用的印刷型信息资源主要包括图书、期刊、会议文献、学位论文、专利文献、标准文献、科技报告、政府出版物、产品样本和产品目录、档案等十大文献信息源	优点：便于阅读和使用，不需要特殊的设备 缺点：存储密度小，体积大，不利于保管
数字型信息资源	以二进制编码的方式将图形、文字、声音、影像等信息存储到磁、光、电等介质上，通过计算机、手机等电子设备阅读和使用的一种信息资源形式	优点：存储容量大，传播更新速度快、查询方便

信息化时代各种信息数字化转型，传统印刷型信息资源如图书、期刊、会议文献、学位论文、专利文献、标准文献、科技报告等文献信息资源逐渐数字化。电子书、电子期刊、电子报纸、学术文献数据库、标准公开平台、专利检索系统、数据开放平台等数字化信息资源与传统印刷型信息资源互为补充，相互成为获取相应信息资源的主要渠道。在计算机和互联网的普及与快速发展之后，印刷型文献信息资源和数字型文献信息资源逐渐成为信息资源的重要组成部分，是当前文献资源主体类型。同时，诸如社交媒体、门户网站、在线课程、问答社区以及咨询类 App 等新型的信息资源不断涌现，也成为人们获取信息的主要渠道。

2. 按照生产加工程度分类

根据生产加工程度划分，文献信息资源分为零次文献信息、一次文献信息、二次文献信息、三次文献信息四种。

零次文献信息（Zero order literature information）是最原始的文献信息，即未经记录或者未形成文字材料的口头交谈信息、未经正式发表的原始文献，或没正式出版的各种文献资料，如"灰色信息"，获取难度大，具有特殊的利用价值（在商业和军事领域）。

一次文献信息（primary literature information）是记录人们对自然和社会信息进行首次加工的文字，也称原创性信息，或是高价值信息。一次文献信息内容具体、新颖、系统。常用的一次文献主要包括图书、期刊、会议文献、学位论文、专利文献、标准文献、科技报告、政府出版物、产品样本和产品目录、档案等十大文献信息源。其中，正式出版并在社会成员中公开流通的文献，如图书、期刊、报纸等被称为白色文献；非公开出版、发行的内部文献，如会议文献、学位论文、专利文献、标准文献、科技报告、政府出版物、产品样本和产品目录以及科技档案等8种类型文献被称为灰色文献，通常在出版发行方面或获取途径方面比较特殊，因而又被称为特种文献。

二次文献信息（secondary literature information）是按照一定的原则和方法对一次信息加工凝练、总结形成的信息。二次文献信息至少有一种检索方式可以查找和利用一次信息，比如目录、题录、文摘、索引等。

三次文献信息（tertiary literature information）是指对一次文献信息和二次文献信息进行加工整理、深入研究编撰的综合性的文献信息，如百科全书、年鉴和综述等，具有综合性、针对性和科学性的特点。三次文献信息可以检索各种"事实"或"数据"。

3. 按照文献的出版形式分类

按照文献的出版形式和特点将文献信息资源分为图书、期刊、学位论文、会议文献、报纸、标准、专利、科技报告等。

（1）图书

图书是由出版社正式出版，至少49页以上（不包含封面和封底）的印刷品，具备特定书名、著者名、国际标准书号，有定价且受版权保护。

图书形式包括专著、汇编本、多卷本及丛书等。图书分类包括：阅读性图书，如教科书、专著和文集等，它提供全面系统的知识，帮助读者了解某一领域发展现状；工具书，如词典、百科全书等，是信息检索的重要工具，提供经过验证的浓缩知识；检索用书，如书目、题录等，用于查找特定范围内的文献线索。国际标准书号 ISBN 是图书的唯一标识，ISBN 由多位数字组成，分为产品标识编码、地区或语种号、出版商代号、书名号和校验码五段，如 ISBN 978-7-5604-4191-7 的含义为：978 是中国的 EAN.UCC 前缀，7 表示中国大陆，5604 表示西北大学出版社，4191 为书名号，7 为校验码。通常而言，出版商代号越小，书名号越大，意味着出版社规模越大、知名度越高。

（2）期刊

期刊是拥有固定名称和统一开本的出版物，具有编号或年月标志，连续出版且每期内容不重复，且由多位作者撰写不同的文章。国际标准连续出版物编号（ISSN）是为全球连续出版物制定的唯一编码，由 8 位数字分两段组成，前 7 位是期刊代号，末位是校验码。我国正式出版的期刊还具备国内统一刊号（CN），由地区号、报刊登记号和分类号构成，如 CN11-2257/G3 的含义为：前两位 11 表示北京地区，2257 表示情报学报登记号，G3 中图分类号为情报学科。

（3）学位论文

学位论文是本科生、研究生为获取学位资格撰写的学术性论文，硕士、博士学位论文学术价值较高。通常，收藏与检索的学位论文不包括学士论文。

（4）会议文献

会议文献包括学术会议上的报告、论文、会议记录等资料，是科学交流的一条重要渠道。会议论文主要限于同行交流，有时获取全文比较困难；国内尚缺乏对其评价与激励机制，其质量尚待提升。

（5）报纸

报纸，在国外常被称为新闻报纸，是一种定期出版的读物，主要刊载新闻报道和时事评论等内容。部分报纸也会包含学术论文等信息。

（6）标准文献

标准文献包括技术标准、技术规格和技术规则等，是人们在科学试验、工程设计、生产建设等活动中共同遵守的技术文件。

（7）专利文献

专利文献是专利审批过程中产生的官方文件及出版物，涵盖专利说明书、专利权利要求书、专利公报、专利分类表及专利检索工具等，用于记录和保护创新成果。

（8）科技报告

科技报告是科研工作者围绕某个课题研究所取得的成果或各阶段进展情况的正式报告。自20世纪20年代产生以来，科技报告发展迅速，成为继期刊之后的重要文献类型。国际上著名的科技报告包括美国政府的商务报告、国防报告、航空航天报告和能源报告。

3.2 信息检索概述

信息检索，也称为信息获取、信息查询和信息搜索等，即人们使用具体的信息检索系统从大量的信息中获取所需信息的过程，同时也包括信息的存储过程。信息检索是查询他人已有的历史文献和成果来激发灵感的一种交流与学习的过程；信息检索是信息需求与查询结果的匹配和选择检索结果的过程；信息检索要根据信息需求确定合适的检索系统或工具，选择适宜的检索方式进行信息的搜索过程。面对海量、繁杂、无序的信息资源,信息过载、信息爆炸与用户有限的信息需求之间的矛盾,造成用户获取信息资源的效果不是很理想,因此,获取所需信息的能力也要不断增强。为了提高用户获取所需信息能力,可以通过增强用户信息获取意识,使用户了解信息资源的种类和形式,掌握信息检索技术等基础知识,进而提高用户的信息检索能力。

信息检索能力包括知识层、应用层和意识层三个层次的基本能力。提高用户的信息检索能力,一是需要掌握有哪些信息资源、有哪些检索工具等信息检索的基础知识,这是信息检索能力的基础。二是除了掌握基本的信息检索知识外,还需要能灵活运用各种检索策略和方法,辨别信息的真伪和有效性,综合利用各种信息检索方法来完成对有效信息的检索。三是要有信息的需求意识以及利用信息检索解决问题的意识,这是信息检索能力中最高层次的能力。

3.2.1　信息检索基本原理

假如要去图书馆找一本书,我们将如何获取这本书呢?

首先图书馆馆藏中保存了本书,这本书是客观存在的;其次明确用户需求,要找的是一本书而不是期刊论文,然后使用书目检索系统查询这本书的具体藏书位置,读者就很容易从海量的馆藏图书中找到自己所需的图书。明确需求,确定使用合适的检索系统获取所需信息的信息检索能力是用户必须掌握的基本技能。

我们使用信息检索系统查询所需信息时,一般包含两个步骤:一是需要用户将自己的信息需求转换成具体检索系统中的提问表达,即用户输入的关键词等;同时检索系统需要提供良好的用户界面以方便用户表达信息需求和使用信息检索功能。二是在信息检索系统中能够找到用户所需的信息内容。那么,信息检索系统需要提前对信息内容进行标注、索引等必要的处理，保证在较短的时间内响应用户需求，返回请求的检索结果，以提高信息检索效果。

信息检索的基本工作原理如下（图3-1）：

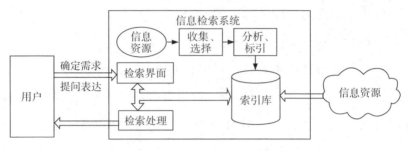

图 3-1　信息检索基本工作原理

1）在信息检索系统中能够找到用户所需信息，信息检索系统需预先把信息资源进行收集、选择、整理、分析和标引到数据库中，搜索引擎通过爬虫程序收集互联网上的各种网页信息，而专业的文献数据库则是标引篇名、作者、摘要或者全文等文献内容信息。这个过程是信息存储过程，用户不可见。信息存储是信息检索的前提和基础，信息检索的广义定义就包括了信息存储[26]。

2）用户将自己的信息需求转换成提问表达，通过检索系统界面发布检索请求（在检索系统界面输入关键词）。用户有能力正确地表达真实的信息需求是获取准确检索结果的前提。

3）当用户的检索请求（提问表达）与信息检索系统中的标引信息匹配成功时，系统会将检索结果返回，用户可以获取到相关的结果，并以不同的方式呈现出来。对于海量的信息检索，以有效的结果排序或者精确匹配结果呈现显得尤为重要。

在互联网上，使用搜索引擎和各种文献检索系统都是我们最常见的一种信息检索方法，而其他的网页查询也是信息检索的一种方法。比如用户在互联网招聘信息主页上查询招聘信息,单击了弹出招聘信息的超链接,在新的页面找到了更多的招聘信息。在这种检索活动中,用户有明确的信息需求,同时也找到了满足需求信息的各种资源,体现了用户的个性化信息需求,我们称之为基于超链访问方式的信息检索方法。

信息检索无处不在。信息检索是人类认识知识和获取知识的基本过程,用户掌握与信息检索系统交互的方法,搞清楚信息检索的基本原理,可以让我们的检索更有质量、更有效率。

3.2.2 信息检索类型

根据信息检索特点和标准的不同,信息检索可以划分为不同的类型。最常见的划分方式是按检索内容和检索手段划分。

1. 按检索内容划分

信息检索类型按照检索内容的不同,一般划分为数据检索、事实检索和文献信息检索。

(1)数据检索(Data Retrieval)

数据检索是查找存放于数值数据库和工具书中解决某种问题的数据检索,用户检索的各种数据是经过选择、专家鉴定、测试、评价和筛选的,可直接进行定量分析,包括各种参数、观测数据、统计数据、图表、市场行情等数据。

(2)事实检索(Fact Retrieval)

事实检索是查找存放于数据库中有关事情发生的先后经过(包括时间、地点、经过)等情况的信息检索,提供概念、知识、事实等数据信息。

(3)文献信息检索(Document Information Retrieval)

文献信息检索是当前最常用的信息检索类型。根据检索结果不同,文献信息检索又可分为全文检索和文摘检索。文献信息检索是查找存储于数据库中的有关某一主题,可按照一定的检索标识如主题词、分类号等检索点查找出来的文献信息。

2. 按检索手段划分

信息检索按照检索手段可分为手工检索和计算机检索。

手工检索是通过人工操作的方式查找各种文献的目录、索引、文摘等信息的一种检索手段,主要适用于印刷型信息资源的检索。优点是容易掌握、灵活,不需要借助设备;缺点是检索工作量大、速度慢,易造成漏检。

计算机检索是通过信息检索系统从数据库中检索到所需信息的检索手段,主要适用于系统信息检索和网络信息检索。优点是速度快、效率高、查全率高、不受时空限制、检索结果输出方式多样。随着互联网和信息技术的快速发展,文献信息的数字化转型,计算机检索已成为人们获取信息的主要检索手段。

3.2.3 信息检索语言

信息检索语言是在信息检索过程中信息的存储和信息的获取共同遵循的某种约定或规则。信息检索语言是用来描述文献外表特征和内容特征,也是建立沟通标引和检索的人工语言。文献的外表特征和内容特征不仅是文献标识的基础,也是信息检索的基础。通过将文献的各种内容特征和外表特征作为检索途径即检索点,可以从不同角度检索相关文献。同一种类型的信息资源的各种内容特征和外表特征共同构成了信息检索语言的具体内容。

不同类型的信息资源有不同的特征,也就是说不同类型的信息资源有不同的检索字段或检索点,对应的检索途径就会有不同。对于一本图书,可以用书名、责任者、主题词、分类号、ISBN(国际标准书号:International Standard Book Number)、出版社这些特征描述这本书的具体检索字段,这些特征也成为查找本书的检索点或者检索途径。

信息检索语言一般分为分类语言、主题语言以及代码语言。

1. 分类检索语言

分类检索语言是用分类号和类名分别表达文献内容以及学科性质的主题概念并加以分类和系统排列的文献信息检索语言。分类语言的典型代表是中国图书馆图书分类法。图书的分类法有中国图书馆分类法、杜威十进分类法、美国国会图书馆分类法、刘国钧分类法、国际十进分类法等,目前中国图书馆分类法是我国大多数高校图书馆和公共图书馆通用的图书分类工具。

《中国图书馆分类法》(以下简称《中图法》)有 5 大部类,即马列毛邓、哲学、社会科学、自然科学、综合性图书。在部类下又细分 22 个基本大类,构成分类表的第一级类目,一级类目如表 3-2 所示。由 22 个基本大类直接展开的各种不同等级的类目组成《中图法》的类目表。

表 3-2 中国图书馆分类法一级类目表

部类	基本大类
马克思主义、列宁主义、毛泽东思想、邓小平理论	A 马克思主义、列宁主义、毛泽东思想、邓小平理论
哲学	B 哲学、宗教
社会科学	C 社会科学总论
	D 政治、法律
	E 军事
	F 经济
	G 文化、科学、教育、体育
	H 语言、文字
	I 文学
	J 艺术
	K 历史、地理

续表

部类	基本大类
自然科学	N 自然科学总论
	O 数理科学和化学
	P 天文学、地球科学
	Q 生物科学
	R 医药、卫生
	S 农业科学
	T 工业技术
	U 交通运输
	V 航空、航天
	X 环境科学、安全科学
综合性图书	Z 综合性图书

《中图法》标识符号采用汉语拼音字母和阿拉伯数字两部分组成的混合制号码。一般由一个字母（T类是两个字母）加一串数字组成，数字较多时，每隔三位数字加一个小圆点。例如与经济类相关的F大类下有9种子类如表3-3所示：

表3-3 F大类下9种子类的标识

类别标识	含义
F0	经济学
F1	世界各国经济概况、经济史、经济地理
F2	经济计划与管理
F3	农业经济
F4	工业经济

续表

类别标识	含义
F5	交通运输经济
F6	邮电经济
F7	贸易经济
F8	财政、金融

其中，二级类目还可以继续细分，如F0（经济学）下的F0-0和F01和F02二级类目的内容如下所示：

F0　经济学

　　F0-0　马克思主义政治经济学（总论）

　　F01　经济学基本问题

　　　　F011　经济学的对象和方法

　　　　F012　经济规律

　　　　F014　经济范畴

　　　　　　F014.1　生产、生产力、生产关系、生产方式

　　　　　　F014.2　劳动、劳动生产率、劳动分工

　　　　　　F014.3　商品生产与交换

　　　　　　　　F014.31　价格理论

　　　　　　　　F014.32　需求理论、供给理论

　　　　　　　　F014.35　经济效益

　　　　　　　　F014.36　经济机制

　　　　　　　　F014.39　资本和剩余价值

　　　　　　F014.4　国民收入与分配

　　　　　　F014.5　消费与积累

　　　　　　F014.6　社会再生产

F014.9　其他经济范畴

F015　宏观经济学

F016　微观经济学

F019　其他经济理论

F019.1　均衡理论

F019.2　静态经济学、动态经济学

F019.3　规范经济学、实证经济学

F019.4　合理预期

{F019.5}　公共选择

F019.6　经济政策理论

F02　前资本主义社会生产方式

2. 主题检索语言

主题检索语言也称主题语言,是以表达文献中心内容(主题内容)概念的词汇作为文献内容标识和检索依据的语言。主题语言使用的词语统称为主题词(表达主题概念的词汇),它以自然语言为字符,经过规范化处理形成主题词表,作为标引与检索的依据。主题检索语言主要用于组织各类信息检索工具,一般不用于实体文献的排架。主题检索语言可分为关键词语言、标题词语言、单元词语言和叙词语言四种。

分类检索语言和主题检索语言各有优点和不足,可以发挥两种检索语言的优势,取长补短,通过主题词表的一体化实现文献信息的分类标引和主题标引,同时进行分类检索和主题检索,提高检索效率。

3.2.4　信息检索效果评价指标

信息检索效果的评价大多情况下是根据主观判断得出的结果。同一个人在不同的时间段,对同一个检索结果可能会做出完全不同的判断。因此，为了更加客观地评价信息检索系统的检索效果，一般情况下，通过四个指标来进行判断，分别是查全率、查准率、漏检率和误检率。

1. 查全率

查全率也称"召回率"，它是指从检索系统中找到的相关记录与检索系统中所有相关记录总量的比率。其计算公式如下：

查全率＝（检索出的相关记录/系统中所有相关的记录）×100%。

2. 查准率

查准率是指从检索系统中找到的相关记录与找到的结果总量的比率。其计算公式如下：

查准率＝（检索出的相关记录/找到的所有记录）×100%。

3. 漏检率

漏检率是指没有找出的相关记录与检索系统中相关记录总量的比率。漏检率和查全率是一对互逆的检索指标，即查全率＋漏检率＝1。

其计算公式如下：

漏检率＝（未检索出的相关记录/系统中的所有相关记录）×100%。

4. 误检率

误检率是指找到的非相关记录与找到的记录的比率。误检率和查准率也是一对互逆的检索指标，即查准率＋误检率＝1。其计算公式如下：

误检率＝（检索出的非相关记录/找到的所有记录）×100%。

因为一个检索系统中共有多少相关结果难以精确统计，所以以上公式计算出的相关指标并不绝对。

一般情况下，查全率和查准率两个指标越高，检索效果越好。查全率和查准率是互逆关系：提高查全率同时会使查准率降低；同样，提高查准率的同时会使查全率降低。因此，衡量检索效果，一般是结合查全率或查准率两个指标考虑。

3.3 学术搜索引擎

3.3.1 百度学术搜索

百度学术（https: //xueshu.baidu.com）是百度旗下一款提供海量中英文文献检索的免费学术资源搜索平台，它收录了包括知网、万方、Elsevier、Springer 等 120 多万个国内外学术站点，有学术期刊、会议论文、学位论文、专利、图书等类型共 6.8 亿多篇学术文献，同时构建了 400 多万个中国学者主页的学者库和 1.9 万多中外文期刊主页的期刊库，成为全球文献覆盖量最大的学术平台。

百度学术主要提供学术首页、学术搜索、学术服务三大主要服务。学术首页提供站内功能及常用数据库导航入口，定期推送高被引论文、学术视界等学术资讯，如图 3-2 所示。学术搜索支持用户检索文献、期刊、学者等内容。资讯导航提供论文查重、学术分析、期刊频道、学者主页、开题分析和文献互助六大重要功能的快捷入口。百度学术搜索可通过时间筛选、标题、关键字、摘要、作者、出版物、文献类型、被引用次数等细化指标提高检索的精准性。

图 3-2　百度学术首页

3.3.2 必应学术搜索引擎

必应学术（https://cn.bing.com/）是微软公司旗下的一款学术搜索引擎，为用户提供准确丰富的学术资料和论文，可以搜索学术期刊、学位论文、会议论文、报告、书籍等各种学术文献。除了基本的搜索功能外，还有学术趋势分析、文献管理、引用分析、学术社交、文献推荐、研究合作等功能，助力用户更好地进行学术研究和交流。学术趋势分析能分析某个领域的研究趋势、发展历程、研究进展和热点话题，帮助用户了解某个领域的发展情况。

必应学术主要提供学者首页、知识卡片和智能搜索功能三大主要服务。必应学术除了可以检索海外文献，还构建了学者专属主页，可以自动聚合学术成果，助力学者提升国际影响力。知识卡片通过聚合主题、内容、学者之间的潜在关联，构建学术图谱体系，完善搜索体验，快速了解领域知识。智能搜索功能通过语义分析判断查询目的，实现自动建议功能。必应学术国内版首页如图 3-3 所示。

图 3-3　必应学术国内版首页

3.3.3 读秀学术搜索

1. 读秀学术搜索简介

读秀学术搜索（http://www.duxiu.com）是超星集团研发的获取图书、期刊、报纸、会议论文、学位论文、标准、专利、学术视频等各种文献资源的学术搜索引擎，支持一站式检索，提供深度检索图书章节和内容的全文、部分文献的原文试读和原文传送等服务。检索到的图书可链接到本馆书目 OPAC 系统查阅纸质图书，或定位到"本馆电子全文"下载至本地阅读，或实现知识搜索、文献服务。

读秀学术搜索不仅提供了知识搜索、图书、期刊、报纸、学位论文、会议论文、文档、电子书、专利、标准等检索，还提供课程、音视频、考试辅导和政府信息等类型的检索功能，如图3-4所示。

图 3-4 读秀学术搜索平台

2. 读秀学术搜索的检索特点

一是读秀知识搜索可让用户在海量的图书数据资源中深度查找每页资料，可查阅文献、下载、文字识别完成文字载录和提取、查阅知识源的出处以保证其权威性和学术性。对知识点的深度检索可通过目录检索和全文检索实现。目录检索以图书章节目次为检索对象,检索结果直接显示章节目录信息。全文检索是对图书全文和目录的内容进行检索,检索结果以章节形式展现所有全文中包含关键词的信息,如任何一幅插图都可以在读秀中找到出自哪本书的哪一页。读秀学术知识搜索页面如图3-5所示。

图3-5 读秀学术知识搜索页面

二是读秀图书搜索提供230多万种书目数据检索频道,240万种数字图书、近9亿页全文资料的检索,可通过书名、作者、主题词、出版社检索。读秀图书搜索可进行图书快速检索、图书高级检索和图书专业检索,还可以通过图书分类导航查阅图书。读秀学术快速检索页面、高级检索页面和专业检索页面分别如图3-6、3-7、3-8所示。

图3-6 读秀学术快速检索页面

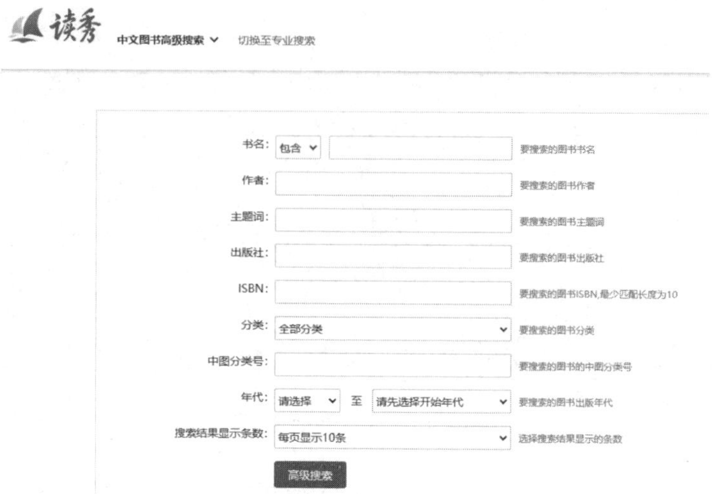

图 3-7　读秀学术高级检索页面

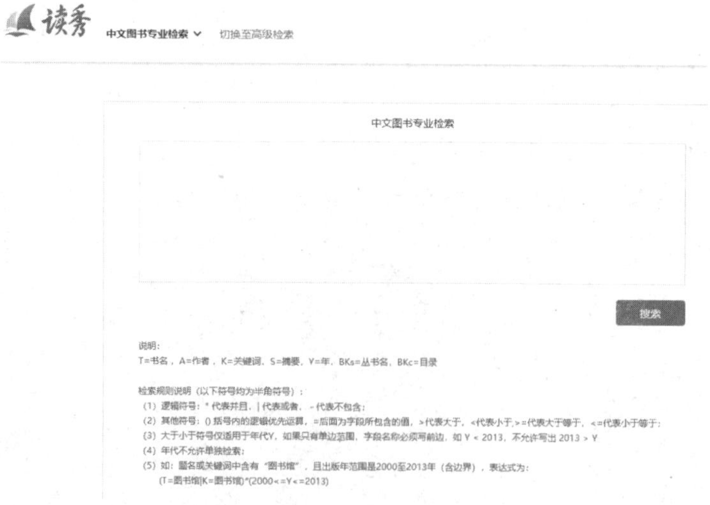

图 3-8　读秀学术专业检索页面

读秀学术图书分类导航，在读秀图书搜索首页，点击"分类导航"，进入图书分类导航页面，可看到按照中国图书馆图书分类法设置的分类，如图 3-9 所示。

图 3-9　读秀学术分类导航检索页面

点击一级分类或二级分类的链接，可以看到属于相应类别的图书，及其子分类的链接。如点击一级分类"社会科学总论"，则可浏览"社会科学总论"类别的图书，如图 3-10 所示。

图 3-10　读秀学术分类导航检索图书

检索结果页面同时还提供学术发展趋势曲线、同义词、相关词提示，使用户一次检索即可掌握一个主题研究的基本文献情况、学术发展脉络，为学术研究提供了依据。

3. 读秀学术搜索文献传递

读秀学术搜索可提供 240 万种图书的自动文献传递功能。读者单次可以传递原文不超过 50 页，一周内同一本书传递不超过 20%，并以邮件加密链接方式提供 20 天有效期的原文在线查阅服务，这一期间内读者可以随时浏览。

读秀学术搜索提供馆藏纸书借阅、阅读电子全文、图书馆文献传递、网上书店购买等多种渠道获取图书的方式，图 3-11 是读秀学术搜索图书获取页面。当检索结果有馆藏纸本时，单击"馆藏纸本"链接可以下载和借阅；当没有馆藏纸本图书和电子全文时，单击"图书馆文献传递"链接进入图书馆参考咨询服务中心，填写"图书馆参考咨询服务"文献传递申请表单，输入获取图书的起止页范围以及获取文献的电子邮箱，提交表单，登录表单登记的邮箱，单击文献阅读超链接，搜索后读秀文献传递是

图 3-11　读秀学术搜索图书获取页

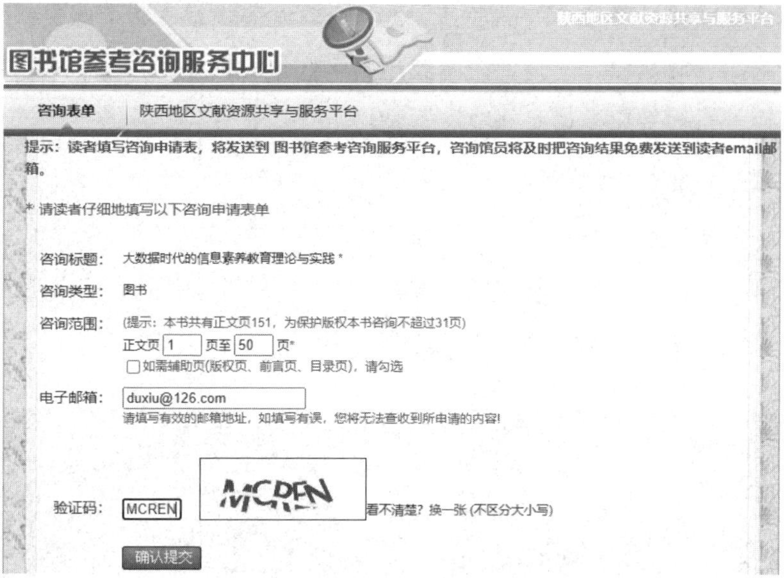

图 3-12 图书馆参考咨询文献传递表单

通过机器自动进行，可立即获取所需要的资料，无时间和空间的限制，图书馆参考咨询文献传递表单如图 3-12 所示。

3.4 学术信息资源数据库

3.4.1 中文信息资源数据库

1. 中国知网知识发现平台

（1）数据库简介

中国知网（https://www.cnki.net）全称中国知识基础设施工程（China National Knowledge Infrastructure），简称 CNKI，是中国知识资源总库，全球最大的中文数据库，具有网络数据库全文检索系统，资源涵盖丰富，包含《中国期刊全文数据库》（CJFD）、《中国博士学位论文全文数据库》《中国优秀硕士学位论文全文数据库》《中国重要报纸全文数据库》《中国工具书网络出版总库》等数据库，其检索方法具有简单、灵活、信息量大、覆盖广、更新及时、检索功能齐全等优点。

（2）一框式检索

一框式检索是将检索功能浓缩至"一框"中，根据不同检索项的需求特点采用不同的检索机制和匹配方式，体现智能检索优势，操作便捷检索结果兼顾检全和检准，如图3-13所示。

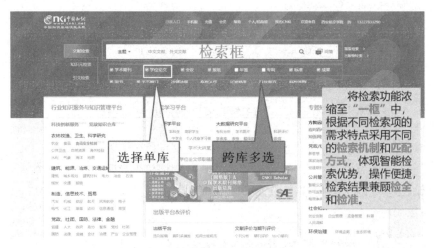

图3-13　中国知网一框式检索页面

根据自己的需要可以选择主题、篇关摘、关键词、篇名、全文、作者、第一作者、通讯作者、作者单位、基金、摘要、参考文献、分类号、文献来源等检索项，在不同数据库中进行单库或者跨库检索，免费浏览题录信息，下载全文。也可通过确定检索范围，在一框式检索栏的上方，点击检索设置，可以实现资源的添加或删除，也可以拖动各资源类型模块，调整资源顺序，检索结果页按所做的设置显示。然后选择检索项，输入相应的检索词获取检索结果，如图3-14所示。

第 3 章 信息检索与获取渠道

图 3-14　检索范围设置页面

（3）高级检索

中国知网高级检索功能可以实现文献的精准检索，可以设置检索范围，在文献分类导航选择学科分类等，高级检索的入口如图 3-15 所示，也可在一框式检索结果页进入"高级检索"。

图 3-15　中国知网高级检索入口页面

在高级检索的检索区域，可以通过多个检索条件的限制进行更加精准的检索，高级检索的检索区域如图所示。在检索条件输入区，可以进行多行、双词组合检索。根据需要自由添加或减少输入项，同时输入多个检索项进行查找,不同检索项之间使用逻辑与(AND)、逻辑或(OR)、逻辑非(NOT)的关系,检索词的匹配方式可选择精确或模糊匹配,提高查准率。每组检索行提供两个输入框供输入两个检索词,两个检索词之间可进行"逻辑与""逻辑或""逻辑非"三种布尔逻辑设置;检索行之间也可进行"逻辑与""逻辑或""逻辑非"三种布尔逻辑设置。

在检索控制区可以通过条件筛选、时间选择等,对检索结果进行范围控制。在高级检索页面上方可切换专业检索、作者发文检索、句子检索,高级检索页面,如图3-16所示。

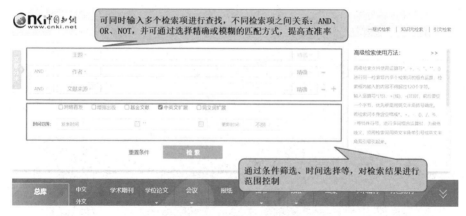

图3-16　中国知网高级检索页面

(4)专业检索

专业检索是图书情报专业人员进行信息分析、查新等工作,使用运算符和检索词构造检索式进行检索。在专业检索页面的右侧,提供了可检索字段和示例以及检索语法使用规则供用户自行编制检索式进行检索,专业检索页面如图3-17所示。一般在进行专业检索时,点击空格键,就会弹出检索字段,输入关键词后再点击空格键,就会弹出逻辑关系词,方便用户进行检索。

图 3-17　中国知网专业检索页面

（5）可视化分析

知网可视化分析将大量的学术研究成果如论文、专利、项目等进行抓取、整理、分析，以图形的方式直观展示，帮助研究者了解学科领域的研究方向及发展趋势等。知网可视化分析可以进行关键词共现分析，揭示学科领域的研究方向和趋势；可以提取海量文献的主题，构建主题演化建模；可以创建可视化知识图谱，展示学科内的知识结构、演化和关系；可以构建作者、机构、关键词的社会网络分析，揭示合作间的态势。知网可视化分析帮助学者从海量的学术数据中快速挖掘出有价值的信息，为研究提供新的视角和启示。

（6）学术趋势与热点分析

CNKI学术趋势挖掘分析中国知网知识资源总库的海量文献和大量用户的文献使用轨迹，为研究者查询某一主题研究动向提供学术趋势分析服务。从学术关注度、媒体关注度、学术传播度以及用户关注度四个维度，判断研究者输入的检索词所在的研究领域在过去一段时间里的学术界关注的热点情况、重要文献影响学术发展潮流、用户在某一学术领域关注的重要文献等，以图表、折线图的方式直观、清晰地展现给研究者，形成可视化数据。如果图形是随时间呈上扬的趋势，说明研究者输入的关键词领域处在比较热点时期，可以进行后续的研究；如果呈下降的趋势，说明目前它可能已经不具有特别热度或者这个研究已经趋于饱和程度，发文量有减少的趋势，可以考虑是否还要选择这个方向继续研究，以便我们进行判断。

2. 万方数据知识服务平台

（1）资源简介

万方数据知识服务平台（https://c.wanfangdata.com.cn/index.html）是万方数据股份有限公司旗下的学术资源检索与获取平台，学名万方智搜，收录了期刊、学位、会议科技报告、专利、标准、科技成果、法规、地方志、视频等10余种资源类型共3亿多篇中外文学术文献。同时，万方智搜通过深度知识加工及知识图谱技术，构建了专家、机构数据、文献引证数据、期刊数据等多种数据类型。万方智搜提供专业文献检索、多途径全文获取、云端文献管理及多维度学术分析等功能，全面服务于用户的科研创新。

（2）统一检索

万方智搜首页的检索框即统一检索输入框，可实现多种资源类型、多种来源的一站式检索和发现，同时，可以识别用户输入的检索词，引导用户快捷获取知识及学者、机构等科研信息。在统一检索的输入框内，用户可以选择限定的检索字段（题名、作者、作者单位、关键词和摘要），如图3-18所示，也可以直接输入检索式进行检索。用户直接输入的检索词默认为模糊检索，用户可以通过双引号" "（英文符号）来限定检索词为精确检索，检索词之间可以使用 not、and、or 进行逻辑匹配检索，其中 and 可以用空格代替。

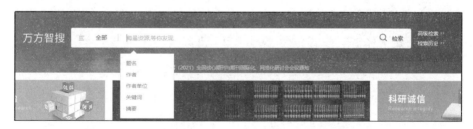

图 3-18　万方智搜统一检索页面

（3）高级检索

万方智搜高级检索支持多个检索类型、多个检索字段和条件之间的逻辑组配检索，方便用户构建复杂检索表达式。在高级检索界面，用户可以根据需要，选择检索资源类型；添加或者减少检索条件；通过与、或和非进行布尔逻辑匹配；通过主题、作者、作者单位等限定检索条件；通过发表时间和更新时间限定文献的发表时间和更新时间；通过精确和模糊匹配对用户输入的检索词进行不拆分或拆分匹配检索，帮助用户提升检索的准确率。万方智搜高级检索页面如图 3-19 所示。

图 3-19　万方智搜高级检索页面

（4）知识脉络与统计分析

通过点击作者、作者单位、关键词，可以构建多维度、多层次、内容深度关联的知识脉络。采用文献计量法对 H 指数、文献量、被引量、学者数、机构数等指标进行多维统计分析，提供全面准确的各类指标数据。研究兴趣、发文趋势、学科分布等的可视化分析结果，能直观、清晰地展示各类指标的发展趋势。

3.4.2 外文信息资源数据库

1. Web of Science 数据库

Web of Science（https://www.webofscience.com）收录了全球多种权威的、高影响力的国际学术期刊，Web of Science 核心合集是有影响力的多学科的学术文献文摘索引数据库，数据库每日更新，包括科学引文索引库（Science Citation Index Expanded，SCIE）、社会科学引文索引库（Social Sciences Citation Index，SSCI）、艺术与人文引文索引库（Arts & Humanities Citation Index，A&HCI）、新兴资源引文索引库（Emerging Sources Citation Index，ESCI）等多个子库，是获取全球学术信息的重要数据库平台。

Web of Science 只收录各学科领域中重要的学术期刊，收录的论文中所引用的参考文献，通过独特的引文索引，用户可以用一篇文章、一个专利号、一篇会议文献、一本期刊或者一本书作为检索词，检索它们的被引用情况，轻松回溯某一研究文献的起源与历史，或者追踪其最新进展；可以越查越广、越查越新、越查越深。

2. Elsevier 数据库

Elsevier 数据库（http://www.sciencedirect.com）是世界著名的科学文献全文数据库之一。Elsevier 数据库收录了众多领域的学术期刊、会议论文和专业书籍等文献资源，涵盖的学科领域包括自然科学、医学、工程技术、社会科学等等。用户可以通过关键词、作者等多种检索方式快速获取全文或摘要信息;可以通过学科专题库深入研究某一领域的核心文献资源以及跟踪该领域最新进展;可以通过文献引用分析、作者合作网络等数据分析工具深入挖掘文献资源中的信息,了解学术界的研究趋势和热点领域;还可以通过学术社交发布自己的研究成果、参与讨论、分享经验,促进学术界的合作与创新。Elsevier 数据库拥有高影响因子和国际知名度较高的顶级期刊。

3.5 学术发现系统

3.5.1 超星发现系统

超星发现(https://www.zhizhen.com)以近十二亿海量元数据为基础,利用数据仓储、资源整合、知识挖掘、数据分析、文献计量学模型等相关技术,较好地解决了复杂异构数据库群的集成整合,完成高效、精准、统一的学术资源搜索,进而通过分面聚类、引文分析、知识关联分析等实现高价值学术文献发现、纵横结合的深度知识挖掘、可视化的全方位知识关联。

1. 高级检索

查找近 10 年飞行器专业有关飞行器设计方向的所有期刊文献,以超星发现数据库为例,具体操作方法如下:单击超星发现系统首页"高级检索",选择文献类型"期刊",选择检索字段为"主题",在右侧框中输入"飞行器",选择与关系,选择检索字段为"关键词",输入"飞行器设计",年份跨度为:2014—2024 年,每页显示 30 条,点击检索,共返回 939 条结果,按照出版日期的降序排序,可以检索到最新的期刊文献,超星发现高级检索结果如图 3-20 所示。

图 3-20　超星发现高级检索页面

2. 可视化分析

以查找近 10 年飞行器专业有关飞行器设计方向的所有期刊文献的检索结果为例，单击检索结果页右侧"HOT"拉开按钮，即在检索结果页面出现知识挖掘模块，选择可视化分析，呈现学科辅助分析系统。学科辅助分析系统可以帮助学者对相关学科专业或者相关主题文献进行可视化分析，可提供相关知识点分析、作者关联分析、机构关联分析、各类型文献学术发展趋势分析、核心期刊分析等可视化图谱分析，学者可从多角度直观、清晰地了解近 10 年飞行器专业有关飞行器设计方向的研究现状、研究进展以及研究前沿。

（1）相关知识点分析

通过对飞行器专业有关飞行器设计方向的关键词分析，可以得到该学科与领域的相关知识点或者相关主题包括旋翼飞行器、无人机、无人飞行器、高超声速飞行、飞行试验、飞行模拟器、微型飞行器、空间飞行器和航空航天，相关知识点分析图谱的主题与分主题之间通过连线连接，研究内容相近的主题颜色表示相同或者接近。右侧展示相关的论著，点击某领域进入该领域的关联中，更好地展示知识与知识直接关联。

（2）作者关联分析

通过对飞行器专业有关飞行器设计方向的作者关联分析，共形成15个作者间的相互关联，每位作者用一个节点表示，作者节点的相似度通过相近颜色关联。点击其他作者名字可以进入到该作者关系图中，可以查看与上一位作者或者查询词直接的关联等。

（3）机构关联分析

通过对飞行器专业有关飞行器设计方向的机构关联分析，该领域的相关机构包括北京航空航天大学、北京航天长征飞行器研究所、北京宇航系统工程研究所、中国空气动力研究与发展中心、西北工业大学、上海飞机设计研究院、中国运载火箭技术研究院、中国运载火箭技术研究院发展中心、沈阳航空航天大学、南京航空航天大学、中国航天动力技术研究院、哈尔滨工业大学、北京机电研究院、北京理工大学和中国直升机设计研究院。每一个机构用一个节点表示，右侧展示相关论著。点击某机构可以进入该机构的关系图中。

（4）各类型文献学术发展趋势分析

通过对飞行器专业有关飞行器设计方向的各类型文献学术发展趋势分析，该领域的学术发展趋势分析呈现极速上升到缓慢增长然后到缓慢递减状态，不同类型的文献出现的峰值年份不同，其中期刊发展峰值出现在

2016 年，会议论文出现在 2014 年。2016 年，有关期刊文献有 129 篇，学位论文有 34 篇，会议论文有 9 篇，图书有 4 本，科技成果 1 项。各类型文献学术发展趋势分析可以根据检索词查看各个文献类型的历年学术发展趋势及各个类型对应的总发文量。

3.5.2 新知学术发现系统

新知学术发现系统（https: //scholar.newacademic.net）是专业的学科知识发现系统。该系统集成了学术期刊、会议论文、学位论文、专利、图书等海量中外文文献学术资源。超过 30 万全球重点期刊，超过 80 万个学术数据库和站点，实现多类型，多出版商跨库检索。为科研工作者提供专业全面的资源检索，是科研工作必不可少的辅助工具。"新知"学术发现系统最主要的功能是帮助科研人员从全网海量资源当中有效快捷地发现所需内容，从而提高科研效率。

新知学术发现系统首页由产品标志、标语、基础检索与高级检索和跨库检索组成。新知平台首页可实现资源的基础检索、高级检索与不同类型文献资源的分类型总览。

1. 高级检索

高级检索功能位于首页。点击首页基础检索框右下方的"Advanced-Search"即可开启高级检索功能。高级检索支持 AND（与）、OR（或）、NOR（非）三种检索逻辑规则，可根据读者的实际检索需求进行个性化组合与调整。通过高级检索进行多个检索规则的组合，如"全文""篇名""作者""来源"等条件，确定更多的文献需求特征，从而能定位更为精确的需求文献资源，新知学术发现高级检索页面如图 3-21 所示。

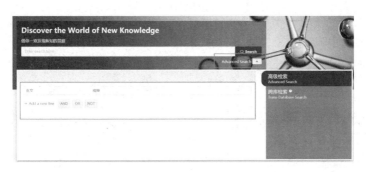

图 3-21　新知学术发现高级检索页面

2. 双语翻译全文

平台对收录资源的篇名、标题与摘要进行翻译。读者只需点击检索结果列表上方的"翻译"选项，即可显示当前页面全部检索结果篇名/标题与摘要的汉语翻译。暂时不需要阅读标题、篇名与摘要翻译内容点击检索结果列表再次点击相同选项，即可收起翻译内容，新知学术发现双语翻译功能如图3-22所示。

图 3-22　新知学术发现双语翻译功能

3. 文献求助与文献下载

数据库平台支持将选中文献的引文信息进行导出，可以进行文献下载；在搜索结果中点击求字图标，在下方链接中输入电子邮箱，点击"确认提交",可将全文发送到用户填写的邮箱中,进行文献求助与传递。

3.6 共建共享资源

3.6.1 中国高等教育文献保障系统(CALIS)

1. CALIS 简况

高等教育文献保障系统(http://www.calis.edu.cn)简称 CALIS,是教育部"九五""十五""211 工程"总体规划中投资建设的面向所有高校图书馆开放获取的公共服务文献保障体系,也是我国重要的公共文化资源服务平台。CALIS 是集成高校丰富的文献资源、人力资源、先进的图书馆管理理念及技术手段,将各成员馆的相关数据(元数据、编目数据、管理数据等)整合,在制定图书馆协同工作的相关的技术标准、工作标准、管理标准下,协同、服务、创新,联合各高校图书馆实现馆与馆间信息资源、技术标准、相关数据的共建、共知以及共享,为中国高等教育的教师、学生以及科研人员提供文献保障服务,发挥社会效益和经济效益的最大化,推动高校图书馆事业的发展。同时 CALIS 将服务拓展到国家政府机关、军队院校、科研院所、公共图书馆、港澳高校共建共享信息资源保障和信息服务体系。

2. CALIS 服务体系

北京大学的 CALIS 管理中心负责平台信息、数据、网络、业务管理、技术支持和系统运维管理。CALIS 管理中心由 4 个全国文献信息服务中心,7 个地区文献信息服务中心,24 个省、自治区、直辖市文献信息服务中心,5 个共享域文献信息服务中心和 2 个外设文献信息服务中心共同支持,形成覆盖全国各个省、自治区、直辖市的网状共建共享服务体系总体架构,其中 4 个全国文献信息服务中心包括文理中心(北京大学图书馆)、工程中心（清华大学图书馆）、医学中心（北京大学医学部图书馆）和农学中心（中国农业大学图书馆）；7个地区文献信息服务中心包括东北地区中心（吉林大学图书馆）、华东北地区中心（南京大学图书馆）、华东南地区中心（上海交通大学图书馆）、华南地区中心（中山大学图书馆）、华中地区中心（武汉大学图书馆）、西北地区中心（西安交通大学图书馆）和西南地区中心（四川大学图书馆）；24个省、自治区、直辖市文献信息服务中心包含安徽省（中国科技大学图书馆）、北京市（中国人民大学图书馆）、福建省（厦门大学图书馆）、重庆市（重庆大学图书馆）、甘肃省（兰州大学图书馆）、广西壮族自治区（广西大学图书馆）、贵州省（贵州师范大学图书馆）、海南省（海南大学图书馆）、河北省（燕山大学图书馆）、河南省（郑州大学图书馆）、黑龙江省（哈尔滨工业大学图书馆）、湖南省（湖南师范大学图书馆）、江西省（南昌大学图书馆）、辽宁省［辽宁大学图书馆（辽宁省高校文献信息服务中心）］、内蒙古自治区（内蒙古大学图书馆）、宁夏回族自治区（宁夏大学图书馆）、青海省（青海师范大学图书馆）、山东省（山东大学图书馆）、山西省（山西大学图书馆）、天津市［天津高等教育文献信息中心（中心所在天津工业大学）］、西藏自治区（西藏大学图书馆）、新疆维吾尔自治区（新疆大学图书馆）、云南省（云南师范大学图书馆）和浙江省（浙江大学图书馆）；5个共享域文献信息服务中心包含外语联盟共享域（北京外国语大学）、中国旅游院校五星联盟共享域（上海旅游高等专科学校）、大连城市共享域（大连理工大学）、民族文献共享域（内蒙古大学）和开放大学共享域（国家开放大学）；2个外设文献信息服务中心包括深圳技术中心（深圳大学图书馆）和高职高专信息素养教育基地（深圳职业技术学院图书馆）。

3. CALIS提供服务

CALIS提供咨询服务和检索服务两大服务。

咨询服务包括期刊导航、数据库导航、图书馆导航、e 得文献获取、联合问答、科技查新、收录印证和课题咨询，CALIS 咨询导航功能简介如表 3-4 所示。

表 3-4 CALIS 咨询服务功能介绍

咨询服务	功能简介
期刊导航	按照语种、学科、字顺进行中西文期刊的浏览
数据库导航	按照语种、学科、字顺、类型进行数据库的浏览，同时提供在线查找
图书馆导航	按照项目、地区、类型等浏览国内外图书馆
e 得文献获取	基于 CALIS 丰富的资源，提供馆际借书、文献传递等方式，使读者快速获得文献资源
联合问答	专业图书馆员提供人物、事件、名词术语、检索方式等常见学术问题的解答
科技查新	依托教育部部级科技查新工作站，提供各种科技查询服务，根据委托人的要求，针对查新点，查证其新颖性
收录印证	提供涵盖 SCI、SSCI、EI、ISTP、AHCI、CSCD、CSSCI 等数据库的学术论文收录及被引用情况证明服务
课题咨询	依托高校图书馆丰富的信息资源与专业的咨询人员开展课题咨询服务

检索服务包括学术搜索引擎（e 读）、书刊联合目录、外文期刊网、中文学位论文、外文学位论文、电子教参书籍、高校特藏资源和百万电子图书等，CALIS 检索服务文献类型及覆盖范围如表 3-5 所示。

表 3-5 CALIS 检索服务文献类型及覆盖范围

文献类型	文献覆盖范围
学术搜索引擎（e 读）	e 读通过一站式检索，查找全国 800 余家图书馆的资源
书刊联合目录	提供联合目录书目数据的检索、下载和相关资源导航服务
外文期刊网	收录 3 万多种外文期刊的篇名目次，提供期刊导航服务

续表

文献类型	文献覆盖范围
中文学位论文	收录国内近百家知名高校的博硕士学位论文
外文学位论文	收录全世界著名学位论文数据库 PQDD 的 25 万篇硕博论文
电子教参书籍	涵盖知名高校教师精选的教参书及出版社推荐的教参书，共计 6 万余种
高校特藏资源	50 多家图书馆建设的近 200 万条特藏资源，涵盖古籍、拓片、民国资源等
百万电子图书	包括古籍、民国图书等在内的百万册电子书

（1）e 读学术搜索引擎

e 读学术搜索引擎（http://www.yidu.edu.cn）整合 CALIS 所有中心成员高校图书馆的纸本资源和电子资源，进行统一集成、组织、标识和揭示，通过标准的文献资源搜索和发现系统一站式检索全国 800 多所高校图书馆的纸本资源和电子资源，从中快速搜索、发现、获取有价值的信息。e 读学术搜索引擎包含简单检索和高级检索功能，可以通过字段检索，也可进行多角度限定检索（资源类型、检索范围、时间、语种、学科、论文来源、收录馆、作者等），快速定位检索信息。检索结果的呈现以出版年排序、多途径分类等方式聚合，提供中英双语推荐、可视化分析、知识关联等功能。e 读学术搜索高度集成包括联合目录、外文期刊网、学位论文、教学参考书、特色库、古籍等多种类型的文献资源近亿条，可以按类型检索文献资源，可在线阅读电子全文等。同时 e 读学术搜索与 CALIS 的 e 得文献传递与馆际互借系统统一认证、无缝链接，两个平台共同实现资源的发现和资源获取。

（2）e 得（馆际互借与文献传递）

e 得又称易得（http://www.yide.calis.edu.cn），是一站式原文文献获

取平台，读者可以通过一个账号，获取全国各高校图书馆乃至世界范围的中外文的图书、期刊、学位论文、会议论文、专利标准等各种类型的电子或纸本资源全文，提供电子原文下载、文献传递、馆际借书、代查代检、单篇订购、电子书租借等多种文献一查即得、可查可得的原文获取服务。e 得提供的服务资源包括 CALIS 的 1300 多所高校成员馆可服务的资源、中国国家图书馆馆藏文献资源、上海图书馆馆藏文献资源、国家科技图书文献中心（NSTL）丰富的科技类外文文献信息资源、香港 JULAC 联盟（包括香港 8 所高校图书馆的可服务资源）、韩国 KERIS 联盟成员馆文献信息资源和美国哈佛大学馆藏文献信息资源。

（3）外文期刊网

CALIS 外文期刊网（http: /ccc.calis.edu.cn）全面集成、标识、揭示国内高校外文纸本期刊和电子期刊，提供一站式期刊和论文检索及全文获取的综合性服务平台，是国内外文期刊论文查找和获取的最佳途径，为图书馆员开展文献传递服务提供海量的数据支撑以及图书馆进行期刊管理免费使用服务平台。CALIS 外文期刊网资源涵盖了 300 个图书馆的馆藏纸本期刊和 530 个图书馆购买的电子期刊共 10 万多种，其中期刊论文检索信息近亿篇；Science Direct, Ebsco, Jstor 等全文数据库的链接 160 多个；SCI, SSCI, AHCI, EI 等文摘数据库的链接 30 个；每周定期更新 4 万多现刊篇名目次资源信息，提供期刊导航、期刊论文检索、电子期刊链接、论文全文链接、纸本刊的文献传递服务、个性化期刊服务定制、期刊分析和管理服务以及图书馆本地化服务，为国内科研人员获取外文期刊提供有力的文献信息保障。

（4）联机合作目录查询系统

联合目录（http: //opac.calis.edu.cn）又称联合书目。联机合作编目提供联机套录编目、原始编目、加载馆藏信息和检索下载书目记录等服务。

联合目录查询系统（union catalogue）集成、整合、揭示高校成员馆馆藏文献目录信息，用户可以高效检索多家馆藏数据库书目信息，也可通过馆际互借服务申请借阅信息提交及借阅，是一种联机公共目录文献资源共享、查找的统一检索平台。CALIS 联合目录数据库收录 1400 多家成员单位书目记录共 852 万余条，馆藏信息约 6000 万余条。书目记录涵盖文献资源类型包括印刷型图书和连续出版物、古籍、图片、引文、文摘和电子资源等。

CALIS 联合目录查询系统采用网页查询与网页浏览方式。检索方法包括简单检索、高级检索和古籍四部类目浏览三种。简单检索可通过全面检索、责任者、题名、主题、ISBN 和 ISSN 进行检索、浏览；高级检索可以通过检索字段进行限制，检索点之间运用布尔逻辑运算符进行组配；还可以通过限定性（包括内容特征、出版时间和文献类型）进行检索，提高查准率。同时，CALIS 联合目录查询系统还提供了检索历史、收藏夹和规范检索等功能。以主题为"信息素养教育"进行相关度简单检索，如图 3-23、3-24 所示。

图 3-23　CALIS 联合目录简单检索界面

图 3-24　以主题为"信息素养教育"简单检索结果

图 3-25　CALIS 联合目录高级检索界面

以检索计算机有关的由张丽芬主编的书目信息,选择题名为计算机,责任者为张丽芬,选择限定检索词的逻辑关系为逻辑"与",选择默认值为前方一致,与书目信息进行匹配。单击"检索"按钮,得到7条检索结果,如图3-25所示。

3.6.2 中国高校人文社会科学文献中心(CASHL)

1. CASHL 简况

中国高校人文社会科学文献中心(http://www.cashl.edu.cn)简称CASHL,是国内外文人文社科文献联合保障共建共享服务系统。CASHL一站式检索系统资源涵盖人文社科核心期刊和重要期刊、印本图书、电子资源数据库、文专图书、大型特藏及其他非 CASHL 馆藏的人文社科学术资源,提供数据库检索和浏览、书刊馆际互借与原文传递、相关咨询服务等。

2. CASHL 管理和服务体系

CASHL管理体系由CASHL项目指导委员会、CASHL管理中心、CASHL 中心馆馆长联席会、CASHL 专家咨询组和 CASHL 各业务工作组组成;CALIS 服务体系由2个全国中心、7个区域中心、8个学科中心、34个服务馆、近千个成员馆组成,整体规划、协同合作,为教学科研人员提供人文社会科学文献资源共建共享服务保障体系。CASHL 全国中心由北京大学和复旦大学负责资源的统筹规划、建设和服务;CASHL 区域中心由武汉大学、南京大学、四川大学、北京师范大学、兰州大学等7所大学负责本地区和本校的资源的整体规划、建设和服务工作;CASHL 学科中心由南开大学(有关欧美研究)、山东大学(有关文艺学、中国古代哲学)、清华大学(有关管理学)、厦门大学(有关台湾研究、东南亚研究)、浙江大学(有关应用心理学)、中国人民大学(有关经济学、法学)等 8 所大学按照学科特点规划、收藏电子资源和特色资源,提供本校外文人文社科期刊馆藏数据。CASHL 各业务工作组由文专图书馆藏发展小组、电子资源工作组、期刊工作组、CASHL 服务工作组、新媒体工作组等组成，负责相关业务工作和参考咨询工作的开展等。

3. CASHL 资源简介

除了在 CASHL 主页进行一框式检索和高级检索外，可通过 CASHL 资源菜单下的图书、期刊、开放获取资源、CASHL 经费支持数据库、全部数据库等资源类型进行普通资源的检索，也可通过特色资源菜单下的大型特藏、哲社期刊、民国期刊、CASHL 前瞻性课题报告、区域国别文献、高校古文献资源等进行特色资源检索，CASHL 一框式检索界面如图 3-26 所示。

图 3-26　CASHL 一框式检索界面

CASHL 整合、揭示的印本图书、电子图书、印本期刊和电子期刊面向高校读者、科研人员提供统一检索、馆际互借和部分章节传递的文献共享服务；读者用户可以通过开放获取资源（Open Access Resources）无限制访问或下载全文资源；CASHL 资源建设的主要组成部分是由不同的 CASHL 成员馆划拨的经费所购买的不同的数据库；CASHL 平台集成 900 多个 CASHL 中心馆人文社科类全部数据库，涉及的学科包含文学、艺术、哲学、政治、军事、经济、管理学、心理学、图书情报文献学等全部人文社会科学以及各类交叉学科，文献类型共有 20 多种。

CASHL 大型特藏是 CASHL 独有、标志性的收藏，具有鲜明主题特色、以原始资料为主，收录有专题完整、内容丰富的大型图书、期刊合订本、缩微资料、图片资料等载体类型；哲社期刊全称"国家哲学社会科学学术期刊数据库"，是开放获取的中文全文数据库，资源涵盖国家社科基金重点资助期刊 200 种、中国社会科学院主管主办期刊 80 多种、三大评价体系 500 多种核心期刊、回溯到创刊号期刊 500 多种。CASHL 民国期刊涵盖诸多学科门类、内容全面、丰富、多样，共含民国期刊 7000 多种；CALIS 民国期刊目录集成了 7 家图书馆馆藏，包括复旦大学、厦门大学、华东师范大学、福建师范大学、上海大学、绍兴文理学院、中国科学院上海生命科学信息中心生命科学图书馆。用户可通过文献传递申请获取所需民国期刊。区域国别文献主要提供"一带一路"研究文献；高校古文献资源是 CALIS 三期建设子项目，目前包括古籍书目元数据、书影图像和电子图书，由复旦大学、四川大学和吉林大学面向 30 家参建馆提供文献传递服务。

4. CASHL 提供服务

CASHL 提供服务有文献服务和知识服务两大类。文献服务提供文献传递、图书借阅、代查代检、上海图书馆图书借阅和上海图书馆代查代检等服务。文献传递服务为用户复印、传递 CASHLS 收录的高校外文期刊论文、图书部分章节、缩微资料等文献，通过 Email、网上文献传递系统（FTP）两种方式进行文献传递；图书借阅服务为 CASHL 馆际互借成员馆提供 CASHL 收藏的高校馆藏外文图书、上海图书馆馆藏外文图书的馆际借阅服务，通过平信挂号邮寄和特快专递等借阅方式；代查代检服务是为用户提供一种间接获取 CASHL 无收藏的文献服务方式。知识服务包括名师讲堂和大型特藏深度揭示与服务。

3.6.3 大学数字图书馆国际合作计划（CADAL）

1. CADAL 简况

大学数字图书馆国际合作计划（https://cadal.edu.cn）简称 CADAL，是教育部 211 工程重点项目的重要组成部分，由浙江大学联合国内外高等院校、图书情报服务机构、科研机构集成、整合、揭示各类信息资源及其相关服务的共建共享公共保障体系。CADAL 大学数字图书馆一站式的个性化知识服务平台，集成、整合了珍贵古籍、民国书刊、当代图书、外文图书、中文报纸、随书光盘、学位论文、图形图像、音视频、地方志、生活资料、侨批、满铁资料等丰富的、具有特色的各类型数字资源和媒体资源，内容涉及理、工、农、医、人文、社科等多个学科的科学技术与文化艺术。

2. 资源获取方式

1）用户首次登录需实名认证，进行个人账号注册，填写个人基本信息。

2）正常登录账号后，在校师生可直接绑定 IP，自动认证所在单位，可在线浏览和借阅资源。

3）CADAL 提供电子图书的借阅模式，用户在 CADAL 首页进行检索，选择所需内容进行阅读，单击"借阅此书"即可。

4）CADAL 电子图书资源为保障资源所有者版权，不提供下载服务，读者可以在线阅读，并提供书签、批注等辅助功能，电子借阅期限为 7 天，到期后如需继续使用，再次借阅即可继续阅读。

3. 获取古籍文献资源

以获取"本草纲目"古籍文献资源为例，有两种检索方式，一种是通过 CADAL 一站式检索平台检索，另一种是通过 CADAL 首页资源概况下的古籍快捷按钮进行检索。本书以一站式检索平台检索为例，CADAL 一

第 3 章 信息检索与获取渠道

站式检索平台包括全部、名称、作者、馆藏单位和出版时间等检索字段，这里选取全部检索字段，输入"本草纲目"，点击搜索，文献类型选择"图书"中的"古籍"，不限出版时间，共检索到 114 条记录，如图 3-27 所示，获取古籍"本草纲目"列表如图 3-28 所示。

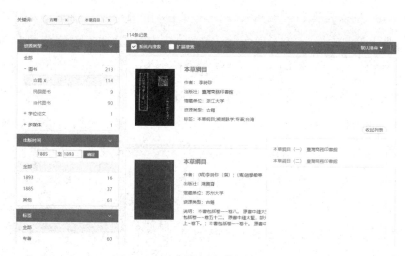

图 3-27　古籍"本草纲目"搜索

图 3-28　获取古籍"本草纲目"列表

105

3.6.4 国家科技图书文献中心（NSTL）

1. 资源涵盖范围及机构成员

国家科技图书文献中心（https://xa.nstl.gov.cn）简称 NSTL，是国家级科技文献信息资源保障服务体系，资源涵盖外文科技类期刊、国外学协会及出版机构等出版的会议录文献、我国高校科研院所授予的硕士、博士和博士后学位论文、美国政府四大科技报告（1950—2017）、民用技术领域、国防技术领域国家报告、中外文专利、中外文标准和外文科技类图书，学科涵盖理、工、农、医等四大领域的科技文献。机构成员由中国科学院文献情报中心、中国科学技术信息研究所、机械工业信息研究院、冶金工业信息标准研究院、中国化工信息中心、中国农业科学院农业信息研究所、中国医学科学院医学信息研究所、中国标准化研究院国家标准馆和中国计量科学研究院文献馆 9 个文献信息机构组成。国家科技图书文献中心发展目标是建设成数字时代的国家科技文献资源战略保障服务体系、国内权威的科技文献信息资源收藏和国家科技文献创新发展支持服务中心。

2. 服务体系

国家科技图书文献中心构建服务于全国的科技文献信息服务体系，通过网络服务系统，依托地方和行业科技信息机构建设 44 个服务站，覆盖全国 29 个省市自治区，为用户提供资源类型丰富、多元化、个性化、专业化的科技文献信息服务体系，也是国家科技文献信息共建共享项目。

3. 数据库网络资源

NSTL 数据库包括全国开通外文现刊数据库、全国开通外文回溯期刊数据库、支持 CALIS 集团、中国科学院集团及农科院集团、CALIS 农学中心采购美国化学学会（ACS）数据库、ProQuest 农学与环境学期刊全文数据库（PAJ）和 ProQuest 生物学期刊全文数据库（PBJ）和开放获取资

第3章 信息检索与获取渠道

源。外文现刊数据库涵盖专业性强、国内保障率低的国外专业学协会现刊数据库30余个，收录期刊400余种；回溯期刊达3000余种；累计揭示国外开放获取期刊13000多种，开放获取会议文献8700多个，开放获取科技报告约8000多篇，开放获取学位论文9万种，开放获取课件64000多个，开放获取图书约10万册。NSTL是国内唯一一个订购国外网络版现刊数据库为全国非营利机构用户免费开通服务的机构。

文献服务主要包括文献检索、全文提供、网络版全文、目次浏览、目录查询等，可提供全文获取、代查代借、参考咨询等服务，包含普通检索、高级检索、期刊检索、分类检索、自然语言检索等多种检索方式。

4. 一站式检索平台

NSTL对国外开放获取资源按照统一标准、组织、集成、加工、整合、揭示，构建了采购文献与开放获取文献协同服务的一站式检索获取资源平台，为科研人员提供利用参考文献检索世界重要科技文献、了解世界科学

图3-29 获取"人工智能"相关的开放获取资源

研究现状与发展脉络的途径。本文通过获取"人工智能"开放获取资源为例,在一框式检索中输入"人工智能",选择文献类型为"期刊",检索结果如图3-29所示。

3.7 开放获取资源

1. 统计数据资源

1)国家统计局网站:http: //www.stats.gov.cn

2)国家统计局数据查询系统:https: //data.stats.gov.cn/index.htm

3)国家统计局中国统计年鉴:http: //www.stats.gov.cn/sj/ndsj

4)世界银行等国际组织开放数据平台:https: //data.worldbank.org

2. MOOC 学习资源

1)中国大学 MOOC:https: //www.icourse163.org

2)学堂在线:https: //www.xuetangx.com

3)智慧树:https: //www.zhihuishu.com

4)学银在线:https: //www.xueyinonline.com

5)EDX 网站:https: //www.edx.org

6)国家高等教育智慧教育平台:https: //higher.smartedu.cn

7)国家职业教育智慧教育平台:https: //vocational.smartedu.cn

8)国家虚拟仿真实验教学课程共享平台:http: //www.ilab-x.com

3. 实用视频学习资源

1)B 站:https: //www.bilibili.com

2)网易公开课:https: //open.163.com

3)一席:https: //www.yixi.tv

4. 免费电子书

1）HathiTrust：https://www.hathitrust.org

2）牛津学术数据库：https://academic.oup.com

3）国家图书馆：http://www.nlc.cn

4）中华古籍资源库：http://read.nlc.cn/thematDataSearch/toGujiIndex

5）民国时期文献库：http://read.nlc.cn/specialResourse/minguoIndex

6）美国国会图书馆：https://www.loc.gov

5. 法律信息资源

1）国家法律法规数据库：https://flk.npc.gov.cn

2）中国裁判文书网：https://wenshu.court.gov.cn

3）中国执行信息网：http://zxgk.court.gov.cn

4）最高人民法院知识产权法庭网：https://ipc.court.gov.cn/zh-cn/index.html

6. 标准及标准文献资源

1）国家标准全文公开系统：https://openstd.samr.gov.cn/bzgk/gb

2）全国标准信息公共服务平台：http://std.samr.gov.cn/gb

3）国家卫生健康委员会：http://www.nhc.gov.cn

7. 专利及专利文献资源

1）国家知识产权局的"专利公布公告"系统：http://epub.cnipa.gov.cn

2）专利检索及分析系统：https://pss-system.cponline.cnipa.gov.cn

3）国家知识产权局：https://www.cnipa.gov.cn

4）美国专利商标局的专利检索系统 PPUBS：https://ppubs.uspto.gov/pubwebapp/static/pages/landing.html

5）欧盟专利局的 espacenet：https://ie.espacenet.com

8. 商标及商标数据资源

1）国家知识产权局商标局：https://sbj.cnipa.gov.cn

2）国家知识产权局商标查询系统：https://sbj.cnipa.gov.cn/sbj/sbcx

第4章
人工智能素养教育探索

数字化与智能化浪潮重塑"素养"概念。素养内涵从聚焦读写能力和关注学习交流扩展至知识、技能、态度与价值观,强调在复杂情境中应对需求的心理社会资源能力。国际经济合作与发展组织(OECD)对素养的诠释强调个人在复杂环境下,调动心理社会资源(如个人的态度和价值观)有效应对挑战的能力[27],这一定义突出了个体在处理复杂需求时依赖的多样化心理社会资源的重要性。

教育部部长怀进鹏在十四届全国人大二次会议中指出,未来将致力于培养一大批具备数字素养的教师,加强教师队伍建设,把人工智能技术深入到教育教学和管理全过程、全环节,研究它的有效性、适用性,让学生青年一代更加主动地学,让老师更加创造性地教。

高校图书馆作为素养教育的核心职能部门,肩负着推动时代素养发展的重要使命。在数智时代,图书馆需引导师生适应AI技术挑战,培育适应数智时代的新型素养。四川大学图书馆知识服务中心主任胡琳在"未来已来:人工智能时代信息素养教育的挑战与机遇"的报告中指出,随着人工智能技术的迅猛发展,人们的生产和生活方式正在经历深刻变革,也给高校图书馆的信息素质教育带来了前所未有的冲击和挑战。以ChatGPT为代表的生成式AI在文稿撰写、修改、润色、翻译、文献阅读,教学方案制定、PPT 制作等学术领域中的应用越来越广泛，因此，将人工智能素养教育纳入信息素质教育体系已经迫在眉睫。在信息素质教育过程中，教师不仅要积极学习和运用 AI 工具，以提高自身的教学水平和能力，而且有责任引导学生合理、规范、高效地利用 AI 工具，从而提升其学习和研究能力，增强在未来 AI 时代的综合竞争力。

4.1 人工智能素养的演变历程

现代科技飞速发展，人工智能深刻影响着人们的日常生活与工作，其应用领域日益广泛，已渗透到传统产业、文化创意产业等领域。随着生成式人工智能的兴起，引发全球范围内对人工智能影响的深入探讨。人工智能已不再是某领域的专有技术，而是社会经济发展的基石，人工智能素养已逐渐成为人们生活和工作的一部分。联合国教科文组织（UNESCO）2022 年的报告中强调公民需具备一定程度的人工智能素养以适应新时代由人工智能技术驱动的世界。人工智能技术快速发展趋势要求我们重新审视和构建新时代的素养概念。

素养是一个不断变化的概念，随着技术和生活方式的演进，新的素养应运而生。信息素养起源于美国图书检索技能，是掌握信息工具、解决实际问题的综合能力。数字素养是信息素养在数字时代的升级版，涉及理解和使用各种数字来源信息的能力，更强调批判性思维和信息价值判断。UNESCO 定义数字素养为通过数字技术安全、恰当地处理信息的能力，涵盖计算机、信息通信技术、信息素养和媒体素养。[28] 数字素养是人工智能素养的前提，有助于人们理解人工智能技术。人工智能素养随着人工智能技术的发展而兴起，从早期模拟人类认知功能的学术研究，到 21 世纪在商业、医疗等领域的广泛应用，人工智能逐渐融入人们的日常生活中。

人工智能素养基于对连续性技术的理解和运用，数字素养是人工智能素养的基石。联合国教科文组织提出的"未来素养"强调应对未来变化的能力，人工智能素养则是"未来素养"的现实应用。随着人工智能技术的普及，人工智能素养成为理解、使用并与其互动的关键能力，并要求人们预见和评估其对社会、经济和文化的影响。普通公众需要具备人工智能素养以便理解、使用并与之有效互动，跨学科学习提升非技术背景学生对人工智能的理解和使用。人工智能素养不仅涉及技术使用，还包括对社会、伦理影响的理解和思考。缺乏人工智能素养可能导致数字鸿沟和数字排斥的问题，因此提升公众的人工智能素养水平对于推动社会发展和进步具有至关重要的作用。

4.2 人工智能素养的内涵

2015年，Konishi最早提出了人工智能素养的概念，并认为人们除了需要了解和使用人工智能技术外，还需要形成一种深层次的认知和思考方式，以便更好地理解和应对AI技术的发展。能力论学者认为人工智能素养是公民适应智能化社会所必须具备的基本能力，其涵盖了个体在人工智能时代工作、学习和生活中的适应能力。乔治亚理工学院的Long等人指出，人工智能素养不仅体现在个人能够批判性地评估人工智能技术、与人工智能进行有效互动和协作的能力上，同时也体现在能够将人工智能作为在线学习、家庭生活和工作场所中的学习工具的能力上。[29] 综合素质论学者认为人工智能素养是一种综合素质，包括人工智能相关知识、能力、使用人工智能技术的态度和伦理等。香港大学的Gary等学者将人工智能素养划分为三个核心组成部分，即"AI概念""AI应用"以及"AI伦理"。其中"AI概念"涵盖了对于人工智能基本知识的了解和起源的认识;"AI 应用"则关注于人工智能技术在现实世界中的实际运用;而"AI 伦理"则聚焦于在实践过程中应用人工智能技术所面临的各种道德挑战和安全问题[30]。尽管人工智能素养的定义尚未统一,但普遍观点认为它超越了技术的掌握,是一种应对未来科技发展的能力。大多数情况下,人工智能素养常被纳入更宽泛的信息素养或数字素养的讨论范畴中,信息素养强调信息获取和使用能力,而人工智能素养则更侧重于对 AI 技术的深入理解和应用,以及对相关社会、伦理和法律问题的思考。[31] 人工智能素养的水平需求多样,覆盖从研究人员到普通消费者的多个群体。

  人工智能素养的定义因群体而异,主要分为两个方向。一是针对计算机或工程背景专业人员,强调对 AI 技术和概念的理解,包括数字素养、计算思维和编程能力。二是从消费者角度出发,关注普通大众应具备的 AI 能力,更多关注 AI 的一般性知识,而非编程或算法的复杂性问题。人工智能素养是多种类型素养,如信息素养和数字素养的发展和延伸,包括批判性评估 AI 技术、与 AI 有效沟通和协作,以及在日常环境中使用 AI 作为工具的能力。对于大多数与 AI 互动的人来说,编程并非必要条件。部分学者还专注于特定领域的 AI 素养。Cetindamar 等关注数字化工作场所中的人工智能素养,强调技术、工作、人机交互和学习相关能力,并强调对非 AI 专业人群的培训重要性。[32] 总体而言,人工智能素养是人们在人工智能时代所需的基本能力。人工智能素养界定主要聚焦于 AI 相关知识、理解、技能和价值取向。

  综上所述,本书强调人工智能素养不仅是技术理解和应用,更是全面、与时俱进的技能和知识体系,重点关注对 AI 技术的深刻理解、熟练运用、高效生产以及准确评估输出的能力,强调其对普通大众的影响和重要性。这些能力有助于个人在数智时代保持竞争力,积极参与社会发展,做出正确的决策。

4.3 人工智能大语言模型

自 2023 年起，ChatGPT 的崭露头角引领了以语言大模型为核心的 AIGC 技术的迅猛进步与广泛应用。这一技术革新不仅为现代人工智能技术注入了新的活力，更为众多传统应用领域带来了深刻的变革。由此产生了诸如大模型、GPT 和 AIGC 等概念。

大模型是经过大规模数据集训练和分析的计算机算法模型，它们相较于使用小型数据集训练的模型，展现出更出色的预测能力和准确性。相关的数据资源既有数值数据，如用于天气预报的数据，也有语言文本数据，如用于人机对话的数据。语言大模型是通过训练大量的语言文本数据得到，从而实现了更高效的语言处理和应用。具体的大模型也有很多实现方法和不同的应用功能，其中有一种称之为 GPT。GPT 是生成式预训练模型，基于可用数据来训练的、文本生产的深度学习模型。它通过一种不断根据前文来自动生成后文的方式，如果使用的是文本数据，则表现为对文本内容的自动生成。如果使用的是文本、图像、音频、视频等多模态数据，则是对文本、图像、视频等的互相生成，如根据文本提示生成图片等。这种根据前文信息自动生成后文的技术也被称为 AIGC，即生成式人工智能技术。从理论上看，AIGC 有很多不同的实现方式，现在最为成功的就是根据语言大模型实现的方式。因此，ChatGPT 是一种利用 GPT 模型实现的语言大模型，也是一种应用于内容生成的 AIGC 技术。

语言大模型技术的发展异常迅猛。2023 年 12 月初，国外已有 ChatGPT 的 4.0 和 4.0Turbo 等版本问世，微软推出了整合于 Windows 操作系统和 Office 应用的 copolit，同时 Google 也发布了 Gemini。在国内同样呈现出迅猛的发展态势。到 2023 年 8 月底，我国已有百度的文心一言、字节的云雀大模型,以及中科院等单位研发的紫东太初等共计8款大模型产品首批通过了生成式人工智能服务的上线备案。

4.3.1 人工智能大语言模型的主要功能

在当今社会,人工智能已无处不在,已经渗透到我们生活的各个领域。其中,大型语言模型作为人工智能领域的一个重要分支,正逐渐受到人们的关注。大型语言模型,如 ChatGPT、文心一言、通义千问、讯飞星火等,是计算机算法模型通过对大规模数据集进行训练和分析,得到更高的预测能力和准确性,是一种基于自然语言处理和机器学习算法的人工智能工具。通过学习和分析大量的文本数据,它们能够理解和生成自然语言文本,实现与用户的对话交互功能,具有广泛的应用领域和潜在价值。那么,大语言模型有哪些主要功能呢?

1. 自然语言处理

大语言模型具备强大的自然语言处理能力,能够理解人类语言和上下文的含义,生成文本内容,识别文本中的关键词、短语和句子,并理解其含义和意图,从而在文本生成、机器翻译、聊天机器人等领域得到广泛应用。

2. 文本生成

大语言模型可以根据给定的文本或者主题,生成符合语法和语义规则的自然流畅全新文本,包括文章、摘要、评论、对话等。可以根据用户的需求,快速生成高质量的文本内容;可以用于创作文学作品、论文写作、论文修改与润色、新闻报道、广告文案等;也可以用于自动化写作和编辑任务,大语言模型在这些方面可以发挥重要作用。

3. 智能助手

大型语言模型可以作为智能助手,帮助人们更好地管理、安排工作和生活，如查询信息、安排日程、提供建议等。通过学习用户的日程安排和邮件内容，大语言模型可以提醒用户待办事项、回复邮件等，从而提高用户的工作效率和生活品质。可以将它们集成到各种应用程序和设备中，提高用户的效率和便利性。

4. 机器翻译

大语言模型在机器翻译领域也有着广泛的应用。大型语言模型可以用于机器翻译任务，将一种语言的文本转化为另一种语言，处理复杂的语言结构和语义关系，提供高质量的翻译结果，从而帮助人们克服语言障碍。比如，在国际贸易、跨文化交流等领域，大语言模型可以为人们提供更加便捷的翻译服务。

5. 聊天机器人

大语言模型还可以应用于聊天机器人领域，可以与用户进行自然语言对话，回答各种问题，提供信息和建议，解决用户的疑惑。通过学习大量的对话数据，大语言模型可以模拟人类对话，并能够根据用户的需求和兴趣，与用户进行自然而流畅的交流。比如，在线上客户服务、教育辅导等领域，聊天机器人已经成为一个越来越受欢迎的选择。

6. 协助编程

向人工智能工具咨询编程问题，寻求代码示例和调试建议。人工智能工具可以解释编程概念、提供编程技巧，并帮助解决问题和完成编程任务。ChatGPT 可以跨多种编程语言生成代码，提供编码问题的解决方案，并帮助调试和演示编码实践。

7. 情感分析

大型语言模型可以根据文本中的情感色彩和语义倾向，判断文本的情感极性（正面、负面或中性）以及情感强度，用于情感分析和情感计算。它们可以用于监测社交媒体上的舆情、评估广告效果、分析客户反馈等。

8. 科学研究

大型语言模型可以用于各种科学研究任务，如自然语言处理、计算机科学、语言学、心理学等。它们可以用于分析大规模文本数据集、发现新的语言现象和规律、推动相关领域的发展。大型语言模型具有广泛的应用领域和潜在价值，它们能够改变知识的生产方式和用户获取知识和信息的方式，成为科学研究、科技创新和经济活动的重要工具和基础设施。

9. 创造性工具

与人工智能工具进行创意对话，共同构思故事情节、设计角色和解决问题。人工智能工具可以提供灵感和创意输入，帮助拓展思维和培养创造力。此外，人工智能工具还可以根据需求进行绘图设计。

4.3.2 人工智能大语言模型工具介绍

2022年11月，OpenAI公司推出了聊天机器人大模型ChatGPT，通过自然语言处理和机器学习算法实现了对话交互功能，这一突破在人工智能领域具有重要意义。国内类似的大型语言模型应用也层出不穷，如文心一言、通义千问、讯飞星火等。这些人工智能工具以简洁的方式为用户提供问题解决方案，改变了知识的生产方式，并将改变用户获取知识和信息的方式。这种转变不仅体现在信息组织方式、提问表达和搜索方式上，更在于我们如何有效运用和驾驭这些先进的人工智能工具。它们将成为科学研究、科技创新和经济活动的重要工具和基础设施。掌握人工智能工具的能力，将逐渐成为衡量信息素养高低的重要标准，而针对这些工具的培训和教育也将成为提升信息素养的关键所在。通过不断提升个体的信息技能和对人工智能工具的理解与应用，人们可以更好地适应这个信息爆炸的时代，更加高效地从海量数据中提取有价值的信息，为个人的学习、工作和生活提供有力支持。

第 4 章　人工智能素养教育探索

1. 通用型大语言模型

（1）ChatGPT

ChatGPT 于 2022 年 11 月发布的大型语言模型，是一个交互式的界面应用程序，允许用户向其提问并即时生成响应。它的初始版本结合了 InstructGPT 和 GPT3.5 的技术优势，而后续更是由强大的 GPT-4 为其高级版本提供支撑。微软在投资 OpenAI 并获得该应用程序的访问权限后，ChatGPT 迅速成为其多个产品的基础组件，为微软的各项服务增添了智能化的交互能力。值得注意的是，ChatGPT 是一个封闭系统，OpenAI 保留了对其的完全控制和所有权，这也包括 GPT-4 的参数级别，该细节被 OpenAI 严格保密。ChatGPT 在国内大部分人不能用，ChatGPT3.5 数据更新到 2022 年，ChatGPT 4.0 需开通会员方可使用，图 4-1 为 ChatGPT3.5 聊天界面示例。

开发商：OpenAI　网址：https://openai.com/

图 4-1　ChatGPT3.5 聊天界面示例

（2）文心一言

文心一言是百度公司发布的一款人工智能大语言模型，具备与人对话互动、回答问题、协助创作等多种能力。文心一言可以高效便捷地帮助人们获取信息、知识和灵感，具有文学创作、商业文案创作、数理逻辑推算、中文理解和多模态生成等五大能力，能够显著提升用户的工作效率和创作质量，图4-2为文心一言聊天界面示例。

开发商：百度　　网址：https: //yiyan.baidu.com

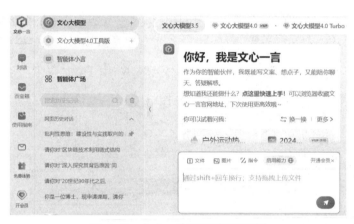

图4-2　文心一言聊天界面示例

（3）通义千问

通义千问是阿里云推出的一个大型语言模型，具备广泛的知识和强大的语言生成能力，可回答问题、创作文字、表达观点并撰写代码。作为AI助手，可以精准理解用户意图，提供深入、准确的回答，并在对话中持续学习与进化。通义千问适用于智能客服、教育辅导、内容创作和编码辅助等多元场景，助力企业和个人提升效率、拓宽信息渠道，推动各行业数字化转型。同时，它支持多轮交互对话，解决复杂问题，并适应多种语言，满足全球交流需求，图4-3为通义千问首页。

开发商：阿里巴巴　　网址：https: //tongyi.aliyun.com

第4章 人工智能素养教育探索

图 4-3　通义千问首页

（4）智谱清言

智谱清言是一款基于智谱 AI 独立研发的中英双语对话模型 ChatGLM2。通过大规模文本与代码的预训练，结合有监督的微调技术，ChatGLM2 以通用对话的形式展现出更高的用户理解度，成为用户工作、学习和生活中的得力助手。它能够解答用户各类问题，满足用户的查询需求，为用户提供智能化的支持，图 4-4 为智谱清言首页。

开发商：清华大学　　网址：https://chatglm.cn

图 4-4　智谱清言首页

(5) 讯飞星火

讯飞星火是科大讯飞推出的新一代认知智能大模型,具备跨领域的知识和语言理解能力,能以自然对话的方式理解和执行任务。在与用户的互动中,讯飞星火展现出语言理解、知识问答、逻辑推理、数学题解答以及代码理解与编写等多种能力,成为职场、生活和学习等多个领域的得力助手,讯飞星火首页如图4-5所示。

开发商:科大讯飞　　网址:https://xinghuo.xfyun.cn

图 4-5　讯飞星火首页

2. 论文写作大语言模型

讯飞星火科研助手是科大讯飞联合中科院文献情报中心推出的一款 AI 科研助理,基于认知智能大模型和海量的科技文献资源,为科研人员提供文献调研、论文研读和学术写作等助手功能。测试显示,使用星火科研助手能显著提高科研效率,论文调研效率提升 10 倍以上,论文研读和学术写作采纳率均超过 90%。主要功能包括:成果调研,通过关键词检索海量中英文论文,提供全文下载、参考文献导出、综述生成等服务;学术写作,提供学术翻译和英文润色能力,助力中英文档互译和英文论文表达优化;论文研读,智能解读论文,快速回答研究问题,提供知识问答、片段翻译和总结等功能,提升学术论文阅读和理解效率。

（1）成果调研

星火科研助手的成果调研功能旨在快速了解研究方向的论文、学者和机构信息。包括综述生成、学者论文调研、研究方向论文调研、学者论文总结、研究方向论文总结及研究方向学者/机构推荐等功能，助您全面掌握科研动态。

（2）学术写作

星火科研助手的学术写作功能涵盖了学术翻译和英文润色两大服务，为用户提供更为高效和精准的科研写作支持，帮助用户更好地完成科研写作任务。

（3）论文研读

星火科研助手的论文研读功能允许用户上传论文，进行深度交互式问答。其中，论文知识问答功能根据论文内容提供精准回答；论文外问答则采用开放式模式，涉及论文外的广泛知识；此外，还提供片段翻译和总结功能，方便用户对论文内容进行多语言理解和要点概括。星火科研助手成果调研页面如图4-6所示。

开发商：科大讯飞　　网址：https://paper.iflytek.com

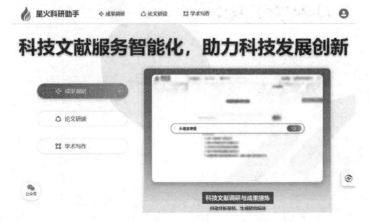

图4-6　星火科研助手成果调研页面示例

3. PPT 制作大语言模型

AiPPT 是一款便捷、高效的 PPT 制作工具，利用人工智能技术一键生成 PPT 文件，减轻用户制作负担。它提供大纲文案生成功能，让用户专注于内容创作；拥有海量模板库，支持一键更换模板和配色，实现个性化修改；兼容多格式文档上传生成，支持多种文件格式导出；用户界面简洁直观，操作简单，提供一站式 PPT 制作服务，包括设计、排版、动画等，帮助用户轻松打造专业水平的演示文稿，AiPPT 聊天页面如图 4-7 所示。

开发商：爱设计 AIPPT　网址：https://www.aippt.cn

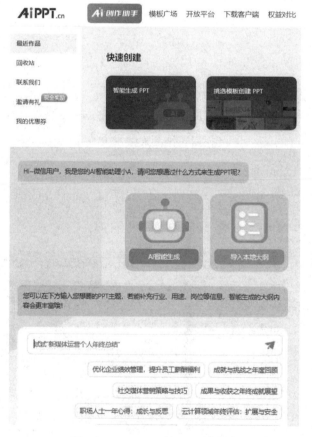

图 4-7　AiPPT 聊天页面示例

第 4 章 人工智能素养教育探索

4. PDF 文件大语言模型

AskYourPDF 是一款智能 PDF 阅读聊天工具,用户可轻松上传 PDF 文档并与 AI 聊天互动,提取有价值的见解和答案。AI 经过高精度训练,提供准确简洁的回答。使用 AskYourPDF,用户不仅可以阅读文档,还能与其进行对话,做出明智决策。审查提取信息以验证其准确性非常重要,图 4-8 为 AskYourPDF 首页示例。

开发商:BlockTechnology　网址:https://askyourpdf.com/zh

图 4-8　AskYourPDF 首页示例

5. 绘画大语言模型

通义万相基于阿里研发的组合式生成模型 Composer,提出了"组合式生成"框架,该框架利用扩散模型对图像设计元素进行拆解和组合,提供高度可控和自由的图像生成效果。首批上线的三大能力包括文生图、相似图像生成和图像风格迁移,图 4-9 为通义万相首页示例。

开发商:阿里巴巴　网址:https://tongyi.aliyun.com/wanxiang

图 4-9 通义万相首页示例

4.4 人工智能大语言模型检索

4.4.1 大语言模型如何 chat？

什么是 ChatGPT？

2022 年 11 月 30 日，OpenAI 公司发布基于 GPT 3.5 的聊天机器人模型 ChatGPT，大语言模型利用概率预测下一个词来生成文本，不可预测的逻辑推理和创造力。

GPT = Generative + Pre-Trained + Transformer

ChatGPT=Chat+GPT。ChatGPT 是一个大型语言模型，是一种基于 GPT 的生成式聊天（Chat）机器人。

GPT=Generative+Pre-Trained+Transformer。GPT 基于 Transformer 架构，在大规模语料上进行无监督预训练（Pre-Trained），得到的生成式（Generative）语言模型。

怎么 Chat？——如何构建有效的 Prompt：乔哈里沟通视窗？

第 4 章 人工智能素养教育探索

乔哈里视窗（Johari Window）是一种关于沟通的技巧和理论，也被称为自我意识的发现与反馈模型，中国管理学实务中通常称之为沟通视窗，用于描述人际交往和自我认知的模型。[33] 这个理论最初是由美国心理学家乔瑟夫（Joseph Luft）和哈里（Harry Ingram）在20世纪50年代提出的。视窗理论从自我概念的角度对人际沟通进行了深入的研究，并根据"自己知道——自己不知"和"他人知道——他人不知"这两个维度，将人际沟通的信息比作一个窗子，被分为4个区域：开放区、隐秘区（又称隐藏区）、盲目区、未知区（也称封闭区），每个象限代表了不同的信息和认知状态，人的有效沟通就是这四个区域的有机融合，如图 4-10，乔哈里视窗概述。

什么是 Prompt？

Prompt 是输入到大模型中的文字，可以是一个实体，也可以是一串富含想象力的文字。不同的 Prompt 对于生成的内容（文字、图片、列表、代码）质量影响非常大，我们要学会与大语言模型进行有效沟通，构建与 ChatGPT 沟通模型如图 4-11。

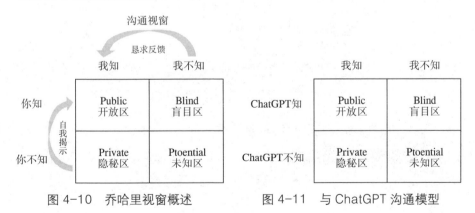

图 4-10 乔哈里视窗概述　　图 4-11 与 ChatGPT 沟通模型

1. 盲目区

对于盲目区，ChatGPT 知道，但是我不知道，我们可以把它认为是元问题，向大语言模型提问。通过元问题帮助我们解决我们不知道的问题。

Prompt 方式：

1）我想了解什么？我应该向你问哪些问题？

2）请给我列出某某领域/行业相关的最常用的 10 个概念，并做简单解释。如果有英文缩写，请给出完整的英文解释。

举例：

1）我想了解线性回归，我应该向你问哪些问题？图 4-12 是基于元问题的提问举例 1。

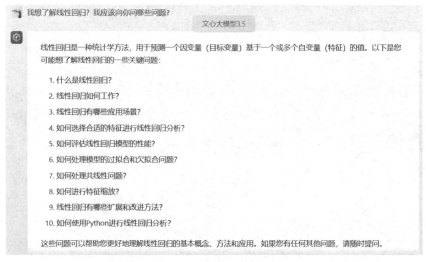

图 4-12　基于元问题的提问举例 1

2）请给我列出人工智能相关的最常用的 10 个概念，并做简单解释。如果有英文缩写，请给出完整的英文解释。图 4-13 是基于元问题的提问举例 2。

2. 隐蔽区

对于隐蔽区，ChatGPT 不知道，但是我知道做什么，不知道 ChatGPT 能帮我什么。扩充检验认知后，从知道到做到。

第 4 章 人工智能素养教育探索

> 请给我列出人工智能相关的最常用的10个概念，并做简单解释。如果有英文缩写，请给出完整的英文解释。
>
> 以下是人工智能相关的10个最常用的概念，以及它们的简单解释和英文缩写：
>
> 1. 机器学习（Machine Learning）：让计算机从数据中学习并改进自身性能的算法和技术。
> 2. 深度学习（Deep Learning）：一种机器学习方法，利用深度神经网络来处理复杂的数据结构。
> 3. 神经网络（Neural Network）：模拟人脑神经元连接的网络结构，用于处理和解释数据。
> 4. 自然语言处理（Natural Language Processing，NLP）：使计算机理解和生成人类语言的算法和技术。
> 5. 语音识别（Speech Recognition）：将语音转化为文字的技术。
> 6. 计算机视觉（Computer Vision）：使计算机能够"看"并理解图像和视频的算法和技术。
> 7. 强化学习（Reinforcement Learning）：一种机器学习方法，通过试错来学习行为策略。
> 8. 监督学习（Supervised Learning）：一种机器学习方法，使用带有标签的训练数据来学习预测模型。
> 9. 无监督学习（Unsupervised Learning）：一种机器学习方法，利用未带标签的数据进行学习和发现结构。
> 10. 迁移学习（Transfer Learning）：一种机器学习方法，将在一个任务上学到的知识应用到另一个相关任务上。

图 4-13　基于元问题的提问举例 2

Prompt 方式：

我想做×××，你能帮我提供什么帮助？

举例：

我想要你帮我写一篇精彩的获奖报告，我需要给你输入什么信息？图 4-14 和图 4-15 为大语言模式扩充检验认知示例。

> 我想要你帮我写一篇精彩的获奖报告，我需要给你输入什么信息？
>
> 写一篇精彩的获奖报告需要以下信息：
>
> 1. 获奖信息：包括获奖者姓名、获奖日期、奖项名称、颁奖机构等。
> 2. 获奖原因：简要说明获奖者因何而获奖，如突出贡献、卓越成就、创新成果等。
> 3. 获奖感言：表达获奖者的感激之情，对团队、家人、领导的支持表示感谢，以及对未来工作的展望和承诺。
> 4. 具体成就：详细介绍获奖者在工作中取得的具体成就和成果，如项目完成情况、技术创新、市场开拓等。
> 5. 证明材料：提供相关证明材料，如获奖证书、荣誉证书、照片等，以证明获奖者的成就和荣誉。
> 6. 未来计划：阐述获奖者未来的工作计划和目标，以及如何继续为组织做出贡献。
> 7. 语言风格：使用正式、简洁的语言，避免使用过多的口语化和个人情感色彩的语言。
> 8. 排版和格式：注意排版和格式的规范，使用合适的字体和字号，以及适当的行间距和段间距。
>
> 提供这些信息可以帮助我撰写一篇结构清晰、内容充实、表达得体的获奖报告。请注意，在撰写报告时，我会根据您提供的信息进行适当的调整和修改，以确保报告的准确性和连贯性。

图 4-14　大语言模式扩充检验认知示例

129

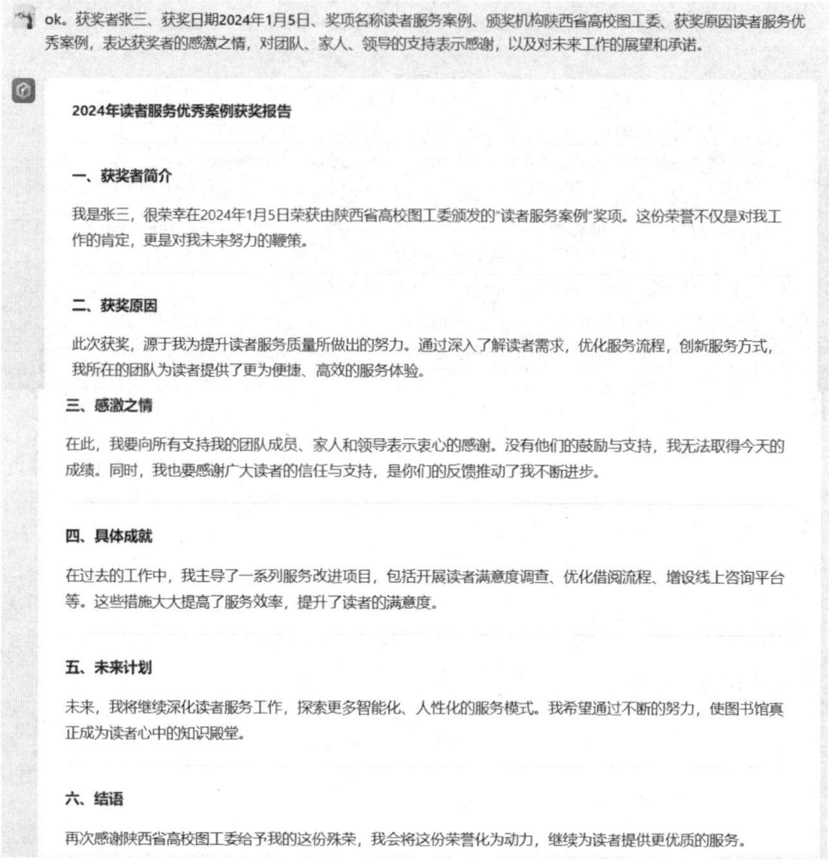

ok。获奖者张三、获奖日期2024年1月5日、奖项名称读者服务案例、颁奖机构陕西省高校图工委、获奖原因读者服务优秀案例，表达获奖者的感激之情，对团队、家人、领导的支持表示感谢，以及对未来工作的展望和承诺。

2024年读者服务优秀案例获奖报告

一、获奖者简介

我是张三，很荣幸在2024年1月5日荣获由陕西省高校图工委颁发的"读者服务案例"奖项。这份荣誉不仅是对我工作的肯定，更是对我未来努力的鞭策。

二、获奖原因

此次获奖，源于我为提升读者服务质量所做出的努力。通过深入了解读者需求，优化服务流程，创新服务方式，我所在的团队为读者提供了更为便捷、高效的服务体验。

三、感激之情

在此，我要向所有支持我的团队成员、家人和领导表示衷心的感谢。没有他们的鼓励与支持，我无法取得今天的成绩。同时，我也要感谢广大读者的信任与支持，是你们的反馈推动了我不断进步。

四、具体成就

在过去的工作中，我主导了一系列服务改进项目，包括开展读者满意度调查、优化借阅流程、增设线上咨询平台等。这些措施大大提高了服务效率，提升了读者的满意度。

五、未来计划

未来，我将继续深化读者服务工作，探索更多智能化、人性化的服务模式。我希望通过不断的努力，使图书馆真正成为读者心中的知识殿堂。

六、结语

再次感谢陕西省高校图工委给予我的这份殊荣，我会将这份荣誉化为动力，继续为读者提供更优质的服务。

图 4-15　大语言模式扩充检验认知示例

3. 未知区

对于未知区，ChatGPT 不知道，我也不知道，BRTR 原则：说背景+定角色+派任务+提要求。

举例：

【背景】 我想提升我的期刊论文写作能力，但是不知道从哪里开始。

【角色】 你是一位有经验的期刊编辑和论文写作专家，拥有丰富的论文经验和写作技巧。

【任务】请你帮我制订一份期刊论文写作学习计划,让我能够提高写作技能。

【要求】推荐适合的期刊论文写作书籍和在线课程,设计一个分阶段的学习计划,明确每个阶段的主要学习目标,推荐一些实际练习,以便我能将所学知识应用于实践中,图 4-16 为大语言模型 BRTR 原则提问技巧示例。

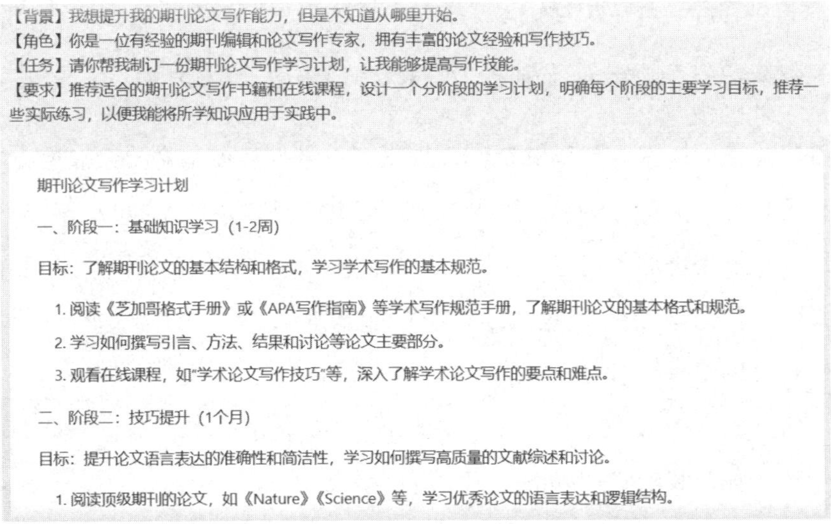

【背景】我想提升我的期刊论文写作能力,但是不知道从哪里开始。
【角色】你是一位有经验的期刊编辑和论文写作专家,拥有丰富的论文经验和写作技巧。
【任务】请你帮我制订一份期刊论文写作学习计划,让我能够提高写作技能。
【要求】推荐适合的期刊论文写作书籍和在线课程,设计一个分阶段的学习计划,明确每个阶段的主要学习目标,推荐一些实际练习,以便我能将所学知识应用于实践中。

期刊论文写作学习计划

一、阶段一:基础知识学习(1-2周)

目标:了解期刊论文的基本结构和格式,学习学术写作的基本规范。

1. 阅读《芝加哥格式手册》或《APA写作指南》等学术写作规范手册,了解期刊论文的基本格式和规范。
2. 学习如何撰写引言、方法、结果和讨论等论文主要部分。
3. 观看在线课程,如"学术论文写作技巧"等,深入了解学术论文写作的要点和难点。

二、阶段二:技巧提升(1个月)

目标:提升论文语言表达的准确性和简洁性,学习如何撰写高质量的文献综述和讨论。

1. 阅读顶级期刊的论文,如《Nature》《Science》等,学习优秀论文的语言表达和逻辑结构。

图 4-16 大语言模型 BRTR 原则提问技巧示例

4.4.2 大语言模型检索技巧

1)提问技巧,确定角色和领域,例如:你是计算机专业的大四学生。

提问方式:立角色+述问题+定目标+提要求

2)精确表达问题,尽量使用清晰、明确的关键词或词组,如:冬季雾霾治理、大学生创新能力培养。

3)设定目标,提出要求,具体说明所需输出的结果、长度、风格、样式等。如：结果要求生成一份教案，长度要求200字以内，样式要求表格或PPT，风格要求学术论文或李白诗词风格。

4）多个工具交替使用，将结果进行对比。同一个问题使用不同的工具解答，或者将一个问题分成多个部分，再使用不同的工具解答。

5）检查问题质量，反复提问。对生成的结果不满意，可以重新输入问题重新生成答案。

6）利用AI的创造力，大语言模型不仅能回答问题，还能提供创意灵感。

4.4.3　生成式人工智能（AIGC）检索

以语言大模型为基础的AIGC提供了一种新型的信息检索获取方式，我们可称之为AIGC检索、生成式检索或大模型检索。AIGC检索突破了传统检索仅提供原始信息的局限，能基于这些原始信息生成检索问题的答案，为用户提供了更为智能、高效的信息获取体验。

1. AIGC检索分析

信息检索领域正迎来语言大模型和AIGC技术的快速发展，这对其意味着什么呢？我们将从以下三个角度进行深入探讨。

（1）AIGC检索系统能直接提供高质量的检索结果

由于大规模数据资源和语言大模型算法的优势，AIGC技术展现出了强大的智能分析能力，其生成结果通常既合理又有效，能满足大多数用户的信息需求。AIGC检索系统能直接提供答案，而非仅提供进一步查找的链接。而传统信息检索如搜索引擎属于C2C模式，用户通过信息检索平台获取的信息资源是从其他用户处获取信息，这往往导致信息质量不高。因此，AIGC技术的出现为用户提供了更高效、准确的信息获取方式。AIGC检索可视为B2C模式，用户从中获得的信息资源均为AIGC平台直接提供的高质量内容，它标志着新型信息资源检索方式的发展方向。

(2) AIGC 能实现多媒体、多模态等检索的匹配与自动生成

在多媒体检索领域,传统多媒体检索受限于用户表达和多媒体文本标注的有限性,常存在匹配不准和数量有限等问题。多模态检索指在不同形态信息资源间检索,如文本搜图、图搜文本等。而 AIGC 的多模态检索则更为灵活,能实现检索匹配和自动生成。因为语言大模型训练包含多模态信息,能较好解决非文本信息的语义识别问题。AIGC 检索系统可采取直接搜索或自动生成方式,如 Google Bard 系统检索图片,百度文心一言生成全新内容,展现了 AIGC 在多媒体检索领域的优势。

(3) 从用户角度,AIGC 检索也需要通过学习和实践来提升检索质量

在用户视角下,如同传统信息检索系统,用户的查询表达和提问质量越高,获取的检索结果通常也会更优质。这需要用户通过学习和实践来提升。AIGC 检索用户需要学习的并非传统的检索表达式和转换技巧,而是如何有效地引导 AIGC 检索系统逐步生成所需的检索内容。这一过程可能涉及多次尝试,通过持续提问和反馈,逐步调整生成结果以更好地满足个人需求。因此,AIGC 检索同样需要用户通过学习和实践来掌握,以提升检索质量。用户需求表达的具体性和详细性对获取结果质量有重要的影响,高质量的需求表达往往能带来满足基本使用要求的优质结果。

2. AIGC 网页检索的优缺点

从网络搜索引擎的角度审视,AIGC 检索同样能进行网页信息的检索工作。但与传统搜索引擎相比,AIGC 检索既展现出独特的创新功能,也面临一些局限性。下面,我们将从 AIGC 检索与搜索引擎的主要差异出发,进行详细阐述。

(1) AIGC 检索的优点

1) AIGC 检索方式更加贴近自然语言习惯,用户以自然语言提问即可,无须设计检索表达式。对于明确且简单的需求,AIGC 能准确理解,

避免了传统搜索引擎因检索表达式不准确导致的检索质量问题。

2）AIGC 检索与搜索引擎不同，对词语理解更准确，减少了用户调整检索表达式的负担，有效解决了漏检和错检问题。AIGC 能自动补充同义词和近义词，无须使用传统布尔检索的扩展方法。同时，AIGC 检索不会出现传统搜索引擎的分词问题。

3）AIGC 检索更强调理解性的综合表达，生成式结果是其特点。相较于传统搜索引擎，AIGC 能对结果进行有效整合，甚至对不存在的检索结果也能通过自动总结生成答案。但需注意，这些生成式结果质量不一，可能存在错误，需甄别使用。

4）AIGC 检索能更智能化地分析用户检索意图，减少用户通过多次检索明确需求的过程。对于复杂检索，AIGC 提供类似人类对话的机制，虽答案未必正确，但显示出高水平的用户意图理解能力。具体、详细的用户需求描述有助于提升检索结果的有效性，这在传统搜索引擎中难以实现。

5）AIGC 检索不仅能提供结果，还能给出检索方法建议。AIGC 能给出详细的扩展检索词和策略。对于某些特定检索，AIGC 虽无法直接给出答案，但能提供获取答案的线索。这展现了 AIGC 在检索方面的全面性和智能化。

（2）AIGC 检索的缺点

1）AIGC 检索更适合文本分析检索。在数值和时间信息总结方面有一定能力，但受限于技术和模型特点，对于数值分析类检索，常因数据准确性、获取不足等问题导致失效。例如，关于中国房价变化的检索，搜索引擎可能会提供更专业准确的结果。对于西安航空学院网站访问量变化的检索，AIGC 则受限于数据缺乏，而搜索引擎可间接实现检索效果。

2）AIGC 检索受限于训练数据集的完整性和实时性，导致结果可能失效或具有滞后性。不同 AIGC 检索工具在中文和英文处理上各有优势，如

ChatGPT 在英文处理上可能更优,而国内工具如文心一言在中文处理上更有优势。这种差异与训练数据集密切相关。因此,在使用 AIGC 检索时,需要根据具体需求和内容选择合适的工具,并注意甄别和选择使用结果。

3) AIGC 检索在数值数据内容方面存在较大局限性,这主要源于训练数据的时滞性和数值理解与文本语义理解的差异。例如,检索特定价格区间的 5G 手机时,返回的商品价格可能过时或不准确。因此,在使用 AIGC 进行数值数据检索时,需谨慎甄别结果的有效性。

4) AIGC 检索在隐私保护和版权保护方面存在限制,导致某些检索行为无法实现,如图书原文或下载链接的检索。对于无版权要求的网络文档,AIGC 检索虽可提供结果,但匹配程度可能受限。此外,特定站点的信息检索可能受到访问限制,不同大模型的隐私保护政策也存在差异。因此,在使用 AIGC 检索时,需考虑相关法规和政策,并谨慎选择检索内容。

总之,通过利用 AIGC 检索网页信息的各种方法和特点进行对比,总结 AIGC 检索的优点以及反思 AIGC 新型检索存在的问题和不足,足以印证在现代信息检索中,以搜索引擎为代表的网页信息检索依然具有不可替代的重要价值。[34]

3. AIGC 学术检索方法

为了提高 AIGC 检索结果的质量,用户应完善检索需求的表达,使用更详细、丰富的自然语言提问,减少 AIGC 的猜测。同时,用户应明确告诉 AIGC 所需答案的类型、长度和格式,以获得更准确的输出。

(1)完善用户检索需求的提问表达

使用 AIGC 进行检索,不断完善提问表达非常重要。提问时,可以细化问题、清晰划分语句、角色扮演等方式增加信息量。当提问信息不足时,可将 AIGC 的答案或已有专业材料作为提问的一部分来扩展。有效的提问应细化具体问题,逐步提问,并给出具体的解题要求和步骤。这样的提问方式能使 AIGC 的回答更为详细和具体，提高回答的有效性。

（2）立角色、提要求，具体说明长度、风格、样式等

在专业学术问题中，使用 AIGC 检索时，指定字数要求和知识点分布等详细指令可提高回答质量。将 AIGC 视为忠诚助手，需明确告知所需内容。完善提问，加入具体处理步骤和字数要求，可获得更满意的回答。与 AIGC 对话时，可借鉴人类对话思维，尝试站在其角度思考，并连续追问以引导得到所需结果。这与传统搜索引擎检索策略有相似之处。

（3）AIGC 检索更适合总结观点和提炼文本内容

学术文献存在版权和使用权限问题，因此难以确保获取原文或验证信息有效性。AIGC 检索更适用于总结观点和提炼文本内容，对于学术资源本身，它只能作为辅助工具。大部分情况下，仍需通过专业文献数据库核实和确定信息。受限于版权保护，无法直接检索所需文献。

（4）学术信息需要通过专业文献数据库进行核实和确定

使用 AIGC 检索学术文献时，默认情况下仅返回检索建议而非原文。通过采用角色扮演、问题提示等策略，可以获取直接答案。但对于学术研究，需引文参考作为观点证明。在提问中强调增加可检索的引文要求，但是对于中文论文，AIGC 给出的引文真实性往往很低。即使调整提问或明确告知引文不存在，结果依然无效，这主要受限于文献版权。相对而言，英文论文情况稍好。通过增加在特定学术数据库查询引用或要求引文数量，可提高结果质量，但仍需核实。

（5）AIGC 提问中结合学术文献数据库检索内容并对数值信息核实

为了解决 AIGC 学术文献检索的问题，一个有效方法是结合学术搜索引擎的返回结果来提问。将检索到的相关文献引文信息加入 AIGC 提问中，并要求提供经典研究论文，这有助于获得真实有效的文献。同时，AIGC 可用于查询期刊质量，但数值信息仍需核实。对于图书信息，AIGC

通常能提供高质量的说明和介绍,但购买链接等仍需核实。因此,结合学术搜索引擎与 AIGC,并核实关键信息,是改善学术文献检索的有效途径。

4.5 大语言模型助力学习、工作与科研

4.5.1 生成程序

你是一名计算机专业本科毕业生,请生成一段自动收集福克斯新闻网(https://www.foxnews.com/)最近一个月关于中国报道的 pathon 程序,要求结果包含标题、时间、主要内容,以"文心一言"为例,输入以上指令,如图 4-17 文心一言生成代码示例。

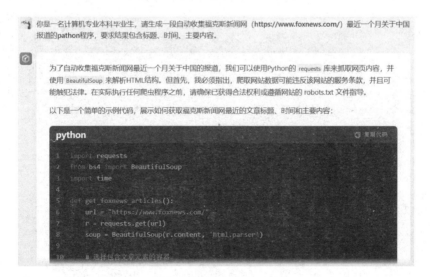

图 4-17 文心一言生成代码示例

4.5.2 撰写教案

写一个信息检索教案,包括讲课要点、课堂提问问题、课堂讨论内容及课后作业,以"文心一言"大语言模型为例,如图 4-18 所示。

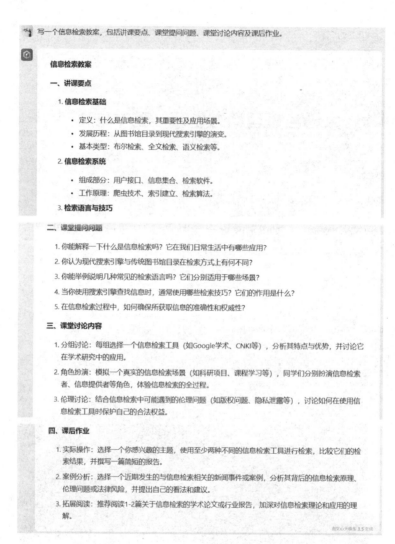

图 4-18 文心一言撰写教案示例

4.5.3 生成文稿、模仿文风

1）请根据 2023 年全国高校信息素质教育研讨会官方网站上的信息，写一篇总结性质的新闻稿 500 字，以"文心一言"大语言模型为例，如图 4-19 所示。

第4章 人工智能素养教育探索

> 请根据2023年全国高校信息素质教育研讨会官方网站上的信息，写一篇总结性质的新闻稿500字。网站链接：https://il2018-2.icoc.bz/
>
> **2023年全国高校信息素质教育研讨会圆满落幕**
>
> 近日，为期两天的2023年全国高校信息素质教育研讨会在北京国家会议中心圆满落幕。本次研讨会由教育部高等教育司指导，全国高校信息素质教育联盟主办，旨在探讨信息素质教育在高校中的发展现状、挑战及未来趋势。
>
> 会上，多位来自全国各地的教育专家、学者及高校代表围绕"新时代背景下的高校信息素质教育创新"这一主题进行了深入交流。大家一致认为，随着信息技术的迅猛发展和数字化转型的不断深入，高校信息素质教育正面临前所未有的机遇与挑战。
>
> 研讨会上，与会代表纷纷分享了各自学校在信息素质教育方面的先进经验和实践案例。例如，某高校通过开设信息素养课程、举办信息素养竞赛等形式，有效提升了学生的信息获取、分析、评价和创新能力。同时，也有专家提出了当前高校信息素质教育存在的问题，如课程设置不够系统、师资力量相对薄弱等，并就此展开了热烈的讨论。
>
> 本次研讨会的成功举办，不仅为高校信息素质教育工作者提供了一个交流与学习的平台，也为推动信息素质教育在高校中的普及与发展注入了新的动力。展望未来，全国高校信息素质教育联盟将继续发挥桥梁和纽带作用，引领和推动高校信息素质教育不断迈上新台阶。

图 4-19 文心一言生成文稿示例

2）请模仿张爱玲的风格针对《玫瑰的故事》这一小说写一篇500字左右的评论文章，以"文心一言"大语言模型为例，如图4-20所示。

> 请模仿张爱玲的风格针对近期《玫瑰的故事》这一小说写一篇500字左右评论文章
>
> 《玫瑰的故事》，一曲细腻温婉而又略带苍凉的时代挽歌，悄然绽放在张爱玲式的笔端之下。张爱玲若在世，定会以她那独有的冷眼旁观与深情并蓄，细细勾勒这朵跨越岁月尘埃的玫瑰。
>
> 书中，玫瑰不仅仅是一位女子的名字，她是欲望与纯真交织的化身，是时代洪流中一抹不屈的亮色。张爱玲式的细腻，让每一个情感转折都如同老电影中的慢镜头，缓缓推进，直至人心最柔软处。那些关于爱情、家族、命运的纠葛，被编织成一张错综复杂的网，让人在叹息中感受到生活的无奈与美好。
>
> 玫瑰的故事，是旧梦与新愁的交织，是繁华落尽后的淡然一笑。张爱玲式的文字，总能在平淡中见真章，于细微处见深情。她会让读者在字里行间，仿佛能嗅到旧上海那特有的气息，感受到那个时代特有的温度与湿度，以及那些被时光遗忘却又永远鲜活的人物与情感。
>
> 最终，当玫瑰的故事缓缓落幕，留给我们的不仅是对人物命运的唏嘘，更是对生命本质的深刻思考。正如张爱玲所擅长展现的那样，每个人都是自己故事中的主角，无论结局如何，那份对生活

图 4-20 文心一言模仿文风示例

139

4.5.4 学术论文写作应用

如何利用"文心一言"大语言模型,来轻松地撰写一篇深度学习论文。无须编程技能或复杂的技术知识,只需通过简单的指令,您便能在短时间内获得一篇高质量的论文初稿。"文心一言"的强大功能让您能够专注于论文的核心内容,而无须担心烦琐的技术细节。借助这款智能工具,您将更加高效地完成论文写作,展现您的研究成果。

步骤1:选择研究方向

首先,我们需要明确我们所关注的研究领域。在这里,我们假设这个领域为在线信息素养教育。接着,我们将借助"文心一言"来为我们列出10个潜在的论文主题,作为我们后续研究的参考。以下是这些建议主题的概览,如图4-21所示。

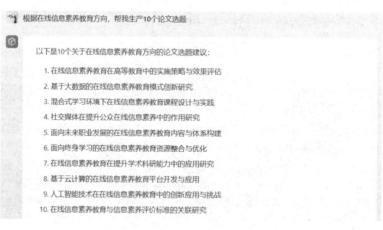

图4-21 文心一言生成选题示例

步骤2:生成论文大纲

下面我们以"在线信息素养教育与信息素养评价标准的关联研究"为题目,让"文心一言"生成论文大纲,如图4-22所示。

第 4 章 人工智能素养教育探索

以"在线信息素养教育与信息素养评价标准的关联研究"为题目，帮我拟定论文大纲

一、引言
1. 阐述在线信息素养教育的重要性及其在当前教育环境中的发展。
2. 引入信息素养评价标准的概念，说明其在信息素养教育中的作用。
3. 提出研究目的：探究在线信息素养教育与信息素养评价标准之间的关联。

二、文献综述
1. 分析国内外关于在线信息素养教育的研究现状。
2. 梳理信息素养评价标准的发展历程及现状。
3. 探讨已有研究中关于在线信息素养教育与信息素养评价标准关联性的观点。

三、研究方法与数据来源
1. 明确研究方法和研究路径。
2. 介绍数据来源，如调查问卷、访谈记录、在线学习平台数据等。
3. 说明数据收集和处理的方法。

四、在线信息素养教育现状分析
1. 描述在线信息素养教育的现状，包括教育内容、教学模式、技术应用等。
2. 分析在线信息素养教育的优势与不足。

五、信息素养评价标准分析
1. 解读信息素养评价标准的内涵和构成。
2. 分析信息素养评价标准在在线信息素养教育中的应用情况。

六、在线信息素养教育与信息素养评价标准的关联性分析
1. 通过数据分析和案例研究，探究在线信息素养教育与信息素养评价标准之间的关联性。
2. 分析二者关联性的影响因素和机制。

七、存在问题与对策建议
1. 指出在线信息素养教育与信息素养评价标准关联中存在的问题。
2. 提出针对性的对策和建议，以促进二者的有效关联。

八、结论与展望
1. 总结研究成果，强调在线信息素养教育与信息素养评价标准关联性的重要性。
2. 对未来研究方向进行展望，提出可能的研究方向和建议。

参考文献
列出论文撰写过程中引用的所有文献，包括书籍、期刊文章、网络资源等。

附录
提供调查问卷、访谈记录、数据分析结果等附加材料。

由文心大模型3.5生成

图 4-22　文心一言生成论文大纲示例

步骤3：生成引言

引言作为论文的开篇章节，具有引领全文、概括研究背景与意义的重要作用。为了更具体地展示这一过程，我们以"在线信息素养教育与信息素养评价标准的关联研究"这一题目为例，邀请"文心一言"为我们生成一篇500字左右的引言，如图4-23所示。

图 4-23 文心一言生成引言示例

步骤4：反复提问生成其他部分

接下来，我们要遵循步骤3的指引，逐一构建论文的各个部分，从对在线信息素养教育与信息素养评价标准的关联性的深入研究开始，一直到实验结果和分析，并最终得出结论。在这个过程中，我们必须对每个部分都进行详尽的展开，提供丰富的见解和相关信息。

步骤 5：生成总结

让"文心一言"根据上述内容写一份 800 字左右的总结，如图 4-24 所示。

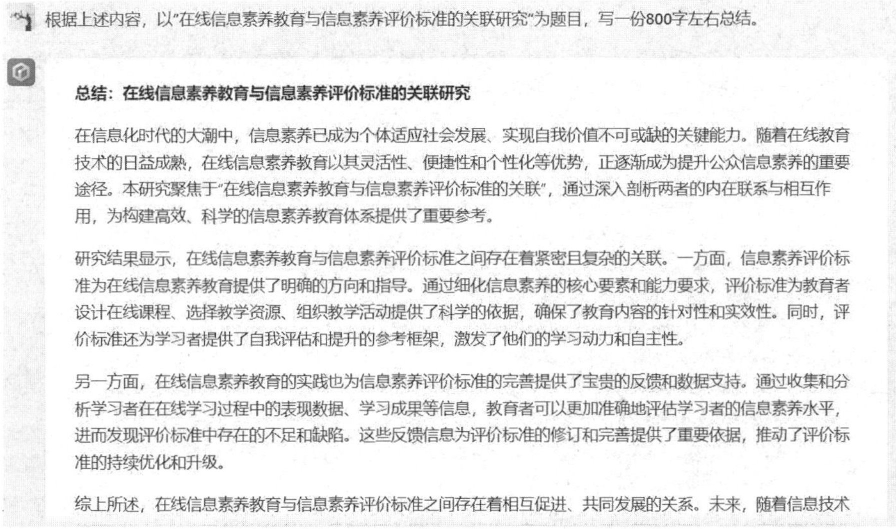

根据上述内容，以"在线信息素养教育与信息素养评价标准的关联研究"为题目，写一份800字左右总结。

总结：在线信息素养教育与信息素养评价标准的关联研究

在信息化时代的大潮中，信息素养已成为个体适应社会发展、实现自我价值不可或缺的关键能力。随着在线教育技术的日益成熟，在线信息素养教育以其灵活性、便捷性和个性化等优势，正逐渐成为提升公众信息素养的重要途径。本研究聚焦于"在线信息素养教育与信息素养评价标准的关联"，通过深入剖析两者的内在联系与相互作用，为构建高效、科学的信息素养教育体系提供了重要参考。

研究结果显示，在线信息素养教育与信息素养评价标准之间存在着紧密且复杂的关联。一方面，信息素养评价标准为在线信息素养教育提供了明确的方向和指导。通过细化信息素养的核心要素和能力要求，评价标准为教育者设计在线课程、选择教学资源、组织教学活动提供了科学的依据，确保了教育内容的针对性和实效性。同时，评价标准还为学习者提供了自我评估和提升的参考框架，激发了他们的学习动力和自主性。

另一方面，在线信息素养教育的实践也为信息素养评价标准的完善提供了宝贵的反馈和数据支持。通过收集和分析学习者在在线学习过程中的表现数据、学习成果等信息，教育者可以更加准确地评估学习者的信息素养水平，进而发现评价标准中存在的不足和缺陷。这些反馈信息为评价标准的修订和完善提供了重要依据，推动了评价标准的持续优化和升级。

综上所述，在线信息素养教育与信息素养评价标准之间存在着相互促进、共同发展的关系。未来，随着信息技术

图 4-24 文心一言生成总结示例

步骤 6：生成参考文献

由于"文心一言"没有成功生成参考文献，最后让 ChatGPT4.0 生成相关 10 篇参考文献。图 4-25 为 ChatGPT4.0 生成相关 10 篇参考文献示例。

> **匿名**
> 根据"在线信息素养教育与信息素养评价标准的关联研究"题目，列出10篇参考文献。
>
> **ChatGPT**
> 要列出与"在线信息素养教育与信息素养评价标准的关联研究"相关的10篇参考文献，我将首先搜索该领域的相关文献。这将包括查找信息素养教育的理论、实践、评价方法以及在线教育环境中信息素养的具体应用研究。我会尽量选择最新的研究成果，以确保参考文献的时效性和相关性。请稍等，我马上开始搜索。
>
> 以下是与"在线信息素养教育与信息素养评价标准的关联研究"相关的10篇参考文献，虽然这些参考文献是假设性的，但它们反映了此领域可能探讨的不同方面：
>
> 1. Smith, J. & Doe, A. (2023). Integrating Information Literacy Standards in Online Education: A Comprehensive Review. *Journal of Information Literacy*.
> 2. Chen, L. (2022). Evaluating Information Literacy in Digital Learning Environments: Approaches and Techniques. *Digital Education Review*.
> 3. Garcia, R. (2021). Online Learning and Information Literacy Skills Assessment: A Comparative Study. *International Journal of Educational Technology*.
> 4. Kumar, S. & Singh, P. (2020). Frameworks for Information Literacy Education in the Digital Age. *Educational Technology Research and Development*.
> 5. O'Neil, M. (2022). Developing Digital Literacy: Curriculum Design for Online Information Literacy. *Journal of Curriculum Studies*.
> 6. Lee, A. & Kim, B. (2021). Impact of Online Information Literacy Programs on Students' Academic Performance. *Computers & Education*.
> 7. Martinez, F. (2023). Assessment Tools for Measuring Information Literacy in Online Education. *Assessment & Evaluation in Higher Education*.
> 8. Robinson, C. & Zhang, Y. (2020). The Role of Libraries in Enhancing Online Information Literacy. *Library & Information Science Research*.
> 9. Patel, D. & Smithson, J. (2019). Online Information Literacy and the Digital Divide: Challenges and Opportunities. *Journal of Computer Assisted Learning*.
> 10. Zhao, X. & Wang, L. (2022). A Meta-Analysis of Online Information Literacy Instruction: Effectiveness and Pedagogical Strategies. *Educational Research Review*.
>
> 这些参考文献覆盖了信息素养教育的理论框架、在线教育中信息素养的评价方法、以及信息素养教育对学生学术表现的影响等多个方面。

图 4-25 ChatGPT4.0 生成相关 10 篇参考文献示例

4.5.5 助力科研

1. 成果调研

星火科研助手的成果调研功能旨在快速了解研究方向的论文、学者和

第 4 章 人工智能素养教育探索

机构信息。包括综述生成、学者论文调研、研究方向论文调研、学者论文总结、研究方向论文总结及研究方向学者/机构推荐等功能，助您全面掌握科研动态。有关"在线信息素养教育与信息素养评价标准的关联研究"，星火科研助手成果调研首页和示例分别如图 4-26、4-27 所示。

图 4-26　星火科研助手成果调研首页

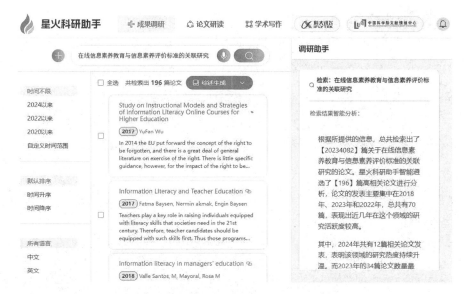

图 4-27　星火科研助手成果调研示例

2. 论文研读

星火科研助手的论文研读功能允许用户上传论文，进行深度交互式问答。其中，论文知识问答功能根据论文内容提供精准回答；论文外问答则采用开放式模式，涉及论文外的广泛知识；此外，还提供片段翻译和总结功能，方便用户对论文内容进行多语言理解和要点概括。图 4-28 为星火科研助手论文研读示例。

图 4-28　星火科研助手论文研读示例

3. 学术写作

星火科研助手的学术写作功能涵盖了学术翻译和英文润色两大服务，为用户提供更为高效和精准的科研写作支持，帮助用户更好地完成科研写作任务。星火科研助手学术写作示例如图 4-29，多文档对比示例如图 4-30。

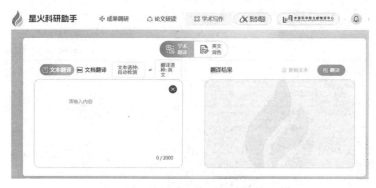

图 4-29　星火科研助手学术写作示例

第4章 人工智能素养教育探索

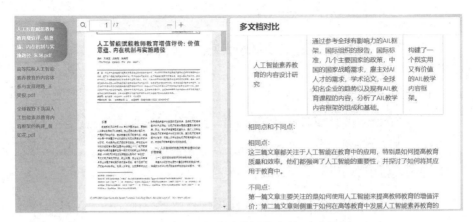

图 4-30 星火科研助手多文档对比示例

4.5.6 文本生成图像

根据"一架无人机围绕着阿马尔菲海岸一座建在岩石上的美丽的历史教堂拍摄，画面展示了历史悠久、宏伟壮观的建筑细节以及层层叠叠的小径和天井，海浪拍打着下方的岩石，俯瞰着意大利阿马尔菲海岸的海岸水域和丘陵地貌的地平线，远处有几个人在散步，在天井中欣赏壮丽的海景，午后温暖的阳光为这一场景营造出一种神奇而浪漫的感觉，精美的摄影作品捕捉到的景色令人惊叹"这段文本使用"通义万相"生成图像，图4-31 为通义万相文本生成图像示例。

图 4-31 通义万相文本生成图像示例

4.6 大语言模型的局限性与对策

1. 大语言模型的局限性

1）人工智能工具在某些情况下可能会产生误导性的幻觉,特别是在提供参考文献和相关网址时,它们有时会一本正经地提供不准确或误导性的信息。这可能导致用户对这些工具的可靠性和准确性产生怀疑。

2）在学术道德层面,AI 工具的使用存在两大风险。其一,AI 可能被用于学生作弊,如撰写论文或作业,损害学术诚信。其二,AI 生成的内容,如文章、报告等,可能引发智力产权的争议,挑战传统产权观念。因此,使用 AI 工具时需谨慎,确保其符合学术道德和产权要求。

3）传统信息搜索与学习过程相结合,用户不仅能满足信息需求,还有机会进行意外发现和学习。然而,人工智能工具在不提供信息来源或引导搜索过程的情况下直接给出结果,这种意外发现与学习的机会被剥夺了。因此,AI 工具在设计时应注重保持信息透明,同时鼓励用户的探索与学习。

2. 大语言模型的对策

1）生成式 AI 仅是一种辅助工具,不应被视为"知识权威",更不能将其视为唯一的信息来源。在获取和判断信息时,我们仍需要保持审慎和多元化。

2）运用信息鉴别法对 AI 生成的内容进行深度剖析,确保来源的可靠性,核实数据和事实的准确性,并对比多个信息源以获取更全面的视角。用批判性思维对 AI 生成内容的审慎评估。

3）如何提炼出更精准、更深刻的问题,从而摆脱对浅显直接答案的过度依赖,这是一个值得深思的问题。

第 5 章 信息素养教育教学方法研究

5.1 慕课

5.1.1 慕课的内涵及意义

MOOC（massive open online course）大规模在线开放课程，又称"慕课"，是一种基于互联网，运用云计算、大数据、人工智能、社交网络等最新前沿信息技术整合的开放的、免费的在线课程教学，也是一种全新的教学模式。慕课是通过快速发展的互联网为学习者提供一流大学课程，是一种面向大众的开放教育课程。MOOC将信息获取、分析、生成和传播相结合，整合了社交网络和可获取的在线资源，实现信息资源的收集和分类，学生能够更好地获取信息，教师与学生间也可以通过共同的兴趣和话题进行在线交流。慕课以学生为主体，学习者可以根据自身的学习目标、已有的知识和技能以及共同的兴趣来主动选择自己所需的知识内容进行系统性学习，自我管理、自主学习，可以在全球范围内共享知名高校的优质MOOC教育资源，让全民终身享有学习机会。

MOOC 基于互联网，利用技术促进教育，并以学习者为核心。慕课结合了云计算、大数据、人工智能和社交网络等前沿技术，通过视频和其他媒体的融合，为学习者提供更加正规化的学习体验。MOOC 的优势是技术驱动下的个性化学习与全球知识共享。一是技术驱动的学习体验。MOOC 基于互联网，利用各种前沿技术为学习者创造了一个全新的学习环境。云计算技术使得 MOOC 平台可以轻松地存储大量的教学资源，包括视频、音频、文档等，并确保这些资源在任何时间、任何地点都可以被学习者访问；大数据分析为教师提供了丰富的数据反馈，帮助他们了解学生的学习进度、掌握情况以及学习偏好，从而为教师提供更为精准的教学内容；人工智能的应用不仅为 MOOC 带来了智能推荐、语音识别等功能，还使得个性化教学成为可能。每个学习者都能获得量身定制的学习路径和反馈；社交网络则将学习延伸到课堂之外，为学习者提供了一个交流、讨论和分享的平台。二是以学习者为核心。MOOC 真正实现了以学习者为核心的教学设计。在传统的在线教育中，学习者常常会缺乏互动。而 MOOC 通过其社交属性，为学习者创造了一个社区感。学习者不再是被动的知识接收者，而是主动的知识探索者和分享者。同时，MOOC 的灵活性使得学习者可以根据自己的时间、地点和进度进行学习，真正实现了个性化的学习体验。

MOOC 和图书馆都秉持着传播和分享知识、促进更高效地自主学习的理念。这种理念使得 MOOC 和图书馆在提升民众信息素养、消除信息鸿沟等方面具有共同的目标。图书馆作为公共教育事业，承担着促进学习与知识创造、提高民众信息素养、消除信息鸿沟等历史使命，这与 MOOC 的目标是一脉相通的。因此，MOOC 和图书馆的社会价值目标是相辅相成的，为终生学习提供支持。

信息素养教育的最终目标是培养个体独立学习的能力，使他们能够自我引导并掌控终身学习。这种教育不受时间和场合的限制，是一种普及型的教育。布拉格宣言明确阐述了这一目标，强调信息素养教育对于个人发展的重要性。《信息社会灯塔：关于信息素养和终身学习的亚历山大宣言》指出信息素养是终生学习的核心，强调人们需要具备有效搜寻、评估、使用和创建信息的能力，以实现个人和社会目标。信息素养教育的使命是培养终身学习的能力和习惯。MOOC 作为在线教育的一种形式，与信息素养教育的目标相一致，旨在通过自主学习和在线学习的方式，促进个人和社会的发展。因此，MOOC 与信息素养教育在培养目标上是一脉相承的。

MOOC 为在线教育带来了巨大的创新与影响。MOOC 的出现不仅改变了在线教育的面貌，更是推动了整个教育行业的进步。一是 MOOC 打破了地域和学校的界限，使得优质的教育资源可以更为公平地分布到全球各地。无论你身处哪个国家、哪个城市，只要有互联网连接，你都可以接触到世界顶尖大学提供的课程。二是 MOOC 推动了教育的民主化进程。它降低了学习的门槛，使得更多人有机会接触到高质量的教育资源，从而提升了整个社会的教育水平。三是 MOOC 还催生了一种新的教育模式——混合式学习。这种模式结合了线上和线下的教学资源，为学习者提供了更为丰富和多样化的学习体验。

5.1.2 慕课的发展历程

从 19 世纪 90 年代起，远程教育以函授课程、广播、电视课程及早期电子学习等形式出现，当时学生参与人数非常低。进入 21 世纪，远程教育及网络课程发生了很大变化，随着互联网的全覆盖和更多的开放学习机会，MOOC 诞生并得到快速发展。

2008 年，MOOC 一词最早是由加拿大爱德华王子岛大学的戴夫·科米尔（Dave Cormier）提出，随后引起美国一些大学的广泛关注。2011 年，斯坦福大学推出三门大规模在线开放课程，每门课程的注册学生都高达 10 万人次，其中《人工智能导论》课程吸引了全球 190 多个国家和地区的 16 万人注册并在线学习,产生了深远的影响,同时,孕育了 MOOC 领域中知名的 Udacity 和 Coursera 两大平台。2012 年,麻省理工学院与哈佛大学合建了 edX 平台,至此 MOOC 领域的三大巨头初步形成。随后 MOOC 的理念和模式,在美国乃至全世界许多国家广泛流传,并掀起了全球 MOOC 狂潮。2012 年被《纽约时报》称为"MOOC 元年"[35],这一年份标志着教育 2.0 时代的开启。MOOC 的出现被誉为自印刷术发明以来教育领域最大的革新,为全球范围内的教育带来了巨大的变革和影响。学生通过课堂演讲视频(视频时长在十分钟左右)、讨论交流、互相评判、测试学习等形式,利用碎片时间进行学习,同时也可与老师交流反馈问题。一般来说,完成课程要求的学生可获得课程证书。2012 年 12 月,英国 12 所大学联合成立了 Futurelearn 平台,超过 165 个国家和地区的学习者注册了此平台。2013 年 4 月,欧盟中的 11 个国家成立了 Ope-nupEd 平台体现了不同国家语言文化背景。同时,澳大利亚开放大学建立了 Open2Study 平台提供班级学习空间和个人学习中心的社交化特色学习环境。[36]

2013 年,MOOC 受到我国教育部门和众多学者的极大重视。4 月,香港科技大学在 Coursera 上推出一门课程注册人数高达 17000 名,被称为"亚洲第一个 MOOC 课程"。5 月 21 日,北大、清华和 edX 签订了合作协议。9 月,北大 MOOC 网站正式上线。7 月 8 日,复旦大学和上海交通大学与 Coursera 建立了合作伙伴关系。10 月,清华大学的"学堂在线 MOOC"平台正式上线。于是,2013 年被称为"中国 MOOC 元年"。随后,网易公开课、果壳网等纷纷推出 MOOC 课堂。2013 年 10 月 8 日,网易公开课正式与 Coursera 开展全面合作,我国用户可直接从网易获取 Coursera 网站的视频内容。2014 年 5 月,网易云课堂与"爱课程网"推出"中国大学 MOOC"平台。2018 年,我国 460 余所高校建立了 3200 多门慕课。

随着 MOOC 的快速发展，学术界对其进行了广泛关注，相关研究文献数量呈爆炸式增长。众多学者开始从各自的学科角度探讨 MOOC 的价值及其在本学科的影响和应用。MOOC 被视为一场教育革命，给高等教育带来了巨大的冲击。图书情报领域与高等教育密切相关，并且一直以来都是追踪和应用新信息技术较快的领域之一。因此，MOOC 迅速成为图书情报领域学者们的关注热点。

慕课具有大规模的社会化网络学习优势，能够提供海量优质课程资源，有利于拓展信息素养教育的学习内容，不受时间和地点限制，学习者可以自主规划学习内容、掌握学习时间和节奏、选择授课风格和知识呈现方式，从而提高学习效率。然而，慕课存在局限性，缺乏面对面的实际交流，难以满足学生的个性化、专业化需求，难以实现教师面对面促进的作用，学生也难以达成对知识的深入探索和建构，只能停留在粗浅的知识和技能学习层面。

5.1.3 慕课的特征

随着 MOOC 的普及与发展，基于慕课的内涵，其具有如下特征：

1. 传播范围及受众面广

MOOC 作为一种大规模开放在线课程，旨在为全世界有学习需求的求学者提供服务，特别是那些受经济条件、教育水平、身体限制等困扰的人。MOOC 以开放访问和大规模参与为目的，借助开源理念，让优质课程得以广泛传播。它被视为能够带来更公平、低成本和高质量的教育，为那些上不起大学的人提供获取知识的机会和途径。信息素养关注获取、利用信息机会的平等，联合国教科文组织特别关注弱势群体，并在边远、贫穷落后地区加强推广信息素养教育。

2. 引导型学习

教育技术从单纯传授知识的教学视频课件发展到在视频中嵌入小测题、以教师引导为主的新型教育技术。MOOC 主要以教师引导型授课方式为主，以问题引导和项目驱动在线讨论的学习方式。教师需要转变教学理念，适应 MOOC 的发展，并迅速提高教育信息化素养。

3. 交互性

随着 MOOC 的普及，基于社交网络的师生间、学生间互动的在线问答和虚拟互动等交互式学习理念在学习中显得尤为重要。MOOC 更加强调学习过程，通过在不断交互中学会主动地利用各种资源进行知识传播。

4. 完整性

MOOC 有一套完整的在线教学与学习体系，包括授课教师预先录制相关的短小视频、上传课程视频到网站平台、学生观看视频、完成小测验、参与网上研讨、完成作业到完成期末考试等学习任务，有些课程还包括同学间的互评、教师评议以及自我评价等考评方式[37]，贯穿课程的始终。

5.1.4 国内现有信息素养 MOOC 教学设计分析

我国高校信息素养相关课程主要由图书馆馆员或图书情报学专业教师开设，因此，分析并重点关注高校图书馆开设的课程，兼顾其他相关专业高校的优质课程。笔者在中国大学 MOOC、学堂在线等慕课平台上，选取有代表性、高质量（包括是否国家精品、教师学术能力、开课次数、参与人数等因素）的 12 门信息素养教育慕课作为调研考察的对象，其基本情况如表 5-1 所示。通过对现有的信息素养 MOOC 建设现状调研和分析，了解其基本的教学设计情况，分析现有信息素养 MOOC 教学目标、教学内容和教学模式，发现存在的主要问题，以期为新时代信息素养 MOOC

建设提供可参考的建议。

表 5-1 现有信息素养慕课总体情况

课程名称	开课学校	开设机构	负责人	课程级别	参与人数
信息素养——学术研究的必修课	清华大学	图书馆	林佳	国家精品	148814
信息检索	武汉大学	信息管理学院图书馆学系	黄如花	国家精品	6789
文献管理与信息分析	中国科学技术大学	图书馆	罗昭锋	国家精品	710
信息素养：效率提升与终身学习的新引擎	四川师范大学	图书馆	周建芳	国家精品	5856
信息素养与实践——给你一双学术慧眼	武汉大学	图书馆	龚芙蓉	国家精品	198
信息素养通识教程：数字化生存的必修课	中山大学	资讯管理学院与图书馆合作	潘燕桃	国家精品	73
文献检索	华东理工大学	图书馆	吉久明	国家精品	276
信息检索	西南交通大学	图书馆	陈晓红		1673
信息素养：开启学术研究之门	华南师范大学	教育信息技术学院	张倩苇		1384
互联网学术信息检索	南京财经大学	信息工程学院	李树青		808
知识产权信息检索与利用	湘潭大学	知识产权学院	肖冬梅		1309
文献检索	南京中医药大学	图书馆	张稚鲲		291

随着 MOOC 的快速发展，我国高校图书馆信息素养慕课经历了从无到有、由少到多的发展历程。在选取的 12 门慕课中，有 7 门课均被列为国家精品课程，分别是清华大学的"信息素养——学术研究的必修课"、

武汉大学的"信息检索"、中国科学技术大学的"文献管理与信息分析"、四川师范大学的"信息素养：效率提升与终身学习的新引擎"、武汉大学的"信息素养与实践——给你一双学术慧眼"、中山大学的"信息素养通识教程：数字化生存的必修课"和华东理工大学的"文献检索"。其中有11门慕课集中在中国大学MOOC平台上开设，而清华大学的"信息素养——学术研究的必修课"开设在学堂在线平台。五门课程的开课次数均已超过14次。总体而言，高校图书馆开设的信息素养慕课数量不足，有关多元素养、数字素养、数据素养、知识产权素养、媒介素养、元认知的批判思维素养等几乎没有，仍有很大的开拓空间。

表5-2是对选取的12门慕课的教学目标和教学内容进行对比分析，可以发现各高校开设的信息素养慕课在教学目标和教学内容设置上各具特色，存在一定的差异，但也有许多共同特征，所涉及的内容主要包括基本概念介绍、不同需求或不同场景信息检索技巧、搜索引擎及数据库检索、信息评价、知识管理、文献管理软件的使用、学术规范、学术论文写作与项目申请、科研选题、参考文献引用以及知识产权信息检索与利用（包括专利检索、专利信息分析、专利分析工具、商标信息检索、版权信息检索）等方面。通过归纳总结和梳理，发现现有信息素养MOOC教学设计具有以下特点以及存在的问题。

1. 以培养学生信息检索能力为主，并满足多元化的教学目标

目前高校图书馆信息素养慕课多以培养学生的信息检索能力为核心目标，通过教授检索工具、操作方法和技巧，使学生掌握信息评价和利用等技能。此外，有些课程还设定了不同的针对性目标，如提升学术科研能力和创新思维能力等；满足不同应用场景的需求，如论文写作、项目申报、解决现实生活问题等。这些目标具有实用价值和现实意义，有助于提升学生的综合素质和应用能力。

表 5-2 选取的 12 门慕课的教学目标以及教学内容介绍

课程名称	主要目标	主要内容
信息素养——学术研究的必修课	教授学习者终身受益的方法与技能，提升包括信息检索与利用能力在内的信息素养水平	·文献信息检索的基础知识 ·信息检索的误区和常见问题 ·从检索案例出发，探讨信息源的利用、检索方法与技巧 ·利用参考工具检索各类数据与事实 ·享用一切可以利用的网络信息资源 ·认识学术交流模式，学习学术规范 ·做好知识与文献管理，利用现代技术与工具提高工作效率
信息检索	提高利用信息检索解决生活、学习、工作与研究各方面问题的能力。生活上提高生活质量；学习上提高综合素质和学习效率；研究上提升研究水平、撰写论文、申报科研项目的能力；工作上提高企业竞争力	·什么是信息检索 ·如何利用信息检索提高生活质量 ·如何利用信息检索提高综合素质 ·如何利用信息检索提升研究效率 ·信息检索的基本方法 ·搜索引擎的利用 ·Web of Science 让你站在世界科学研究的前沿 ·免费检索各类专门信息 ·利用信息检索解决实际问题的流程 ·信息检索拓展你的课堂 ·信息检索在论文写作和项目申报中的应用 ·信息检索助你在商战中立于不败之地
文献管理与信息分析	"助力科研,推动创新"：提升快速学习的能力；提升科研效率和科研能力；提升创新思维能力	第一部分 提升学习能力 学习与搜索　同步世界最新资讯 个人知识管理工具（为知笔记） 思维导图与快速学习 第二部分 提升科研能力 科研入门及十大信息源　文献数据库及其利用 文献管理软件（EndnoteX9） 引文分析软件（HistCite）　高效文献调研 第三部分 提升创新能力 创新趋势与科研选题　学习的障碍与头脑风暴 六项思考帽与课程总结

续表

课程名称	主要目标	主要内容
信息素养:效率提升与终身学习的新引擎	一是强化基于信息解决问题的意识,使问题的解决更有效率;二是强化解决问题过程中的探究精神,在主动探索中解决问题;三是强化解决问题过程中的知识重构,培养终身学习能力	·认识信息素养 ·网络资源干货多 ·垂直搜索效率高 ·实用数据搜索 ·搜索引擎新玩法 ·搜索的门道 ·下载、获取有技巧 ·掌握信息,评价更靠谱 ·玩转个人知识管理
信息素养与实践——给你一双学术慧眼	以学术研究和科研流程为切入点,采取基于学术任务的学习方法,引导学习者掌握综合性研究课题的检索策略、文献评价与阅读管理、学术论文的撰写和投稿,以及科研绩效评价指标和科研社交网络的信息共享与发布	·精确文献的查找 ·综合性研究课题的检索策略 ·按图索骥,给你一个清晰的学术信息源 ·从引文追溯学科发展的前世今生 ·"谁是胜出者"——文献筛选与分析 ·科研离我们有多远?——专利文献检索与分析 ·"任何工具和技巧都不能代替我们看文献"——关于文献阅读 ·文献管理 ·学术研究的基础——综述文献 ·创造新信息——学术论文写作 ·学术信息共享与发布
信息素养通识教程:数字化生存的必修课	在日常的生活、学习和工作中,在轻松有趣的场景下提升信息素养,学会各类信息检索的方法和技能。旨在掌握:生活场景下的信息检索;学习场景下的信息检索;工作场景下的信息检索	知识储备:信息检索不可不知的五大概念 技能装备:提升检索效率的方法和技术 检索实战:新手须知的工具与途径 生活场景下的信息检索 学习场景下的信息检索 工作场景下的信息检索 防微杜渐:个人信息管理和保护 信息素养:信息社会个人能力的新标配 数字时代:拓展个人能力圈的五大素养 生存指南:如何适应信息社会

续表

课程名称	主要目标	主要内容
文献检索	掌握科学有效的信息问题解决方案，了解相关领域常用检索工具及其操作方法，并精通各种检索技巧等	·精通检索工具 ·创新入门（课题调研、TRIZ、科研项目） ·精通课题文献管理与分析（EndNote、Citespace） ·论文写作（综述论文、学位论文） ·赢在谈判桌上 ·精通课题文献检索（分学科领域）
信息检索	让学习者熟悉生活、学习、工作、考研、创新创业等相关信息资源，掌握高效检索与获取、准确评价与管理信息的基本技能；关注信息检索思维、学科竞赛思维、科研写作思维、专利成果形成等思维的培养，以使学习者初步具备利用恰当的信息思维，适时创造新信息的能力	·大学生与图书馆 ·玩转搜索引擎 ·学霸养成之路——学习资源的获取 ·数据与事实搜索 ·学术信息源 ·学术信息的获取与利用 ·文献阅读与学术写作 ·考研和就业信息的获取 ·专利信息的获取与分析 ·信息安全与信息识别 ·创新创业信息的获取与利用
信息素养：开启学术研究之门	以提升学习者的学术研究能力为核心目标，引导学习者学会确定研究选题，灵活利用信息资源、学术搜索引擎和专业数据库搜集文献信息，使用文献管理软件对文献信息进行整理加工，学会文献综述的写作和论文发表的方法	·信息素养导论 ·研究选题的确定 ·信息源的选择 ·信息检索 ·文献管理软件的使用 ·文献阅读 ·文献综述提纲的拟定 ·文献综述的撰写 ·文献的引用与剽窃 ·论文的投稿与发表 ·文献综述汇报与总结

续表

课程名称	主要目标	主要内容
互联网学术信息检索	如何利用现代互联网提供的常见学术信息资源服务，以提高学生获取学术信息资源的能力，以及辅助学术研究和信息分析决策，并增强学生的学术论文写作能力	·互联网信息检索工具介绍 ·关键词检索的常见方法 ·关键词检索的常见策略 ·网络资源的访问和下载 ·常见互联网学术资源介绍 ·科研论文写作 ·案例集锦
知识产权信息检索与利用	了解知识产权信息的基本知识，掌握知识产权文献检索的基本原理，了解并学会常用知识产权信息检索工具、数据库和参考工具书的概况、特点和使用方法。培养学生具有良好的知识产权信息素养，具备自我知识更新及获取知识产权信息的能力，懂得如何获得与利用知识产权信息获取证据，增强知识产权竞争情报的挖掘与运用能力	·专利文献基础 ·专利检索基础 ·专利信息分析 ·专利信息检索分析工具 ·专利检索分析实战 ·商标信息检索 ·版权信息检索 ·其他知识产权信息检索
文献检索	提高检索能力及信息利用能力，课程可以作为教师开展翻转课堂或混合教学模式的课程材料，帮助教师节省检索课基础知识的课堂讲授时间，将更多时间应用于学生的个性化学习参与以及指导学生开展检索实践上	·认识与理解：基础知识概说 ·熟悉主要资源：常用资源概说 ·如何实施检索：检索技巧概说 ·如何引用文献：参考文献的引用 ·如何管理文献：文献管理软件简介 ·课程综合

2. 课程体系缺乏规范化设计，课程内容以数据库检索为主

信息素养慕课在教学大纲的拟定、课程体系化方面存在不足，缺乏规

范化、统一性的教学设计,存在内容散乱、随意性强、各自为政的问题。课程在内容和形式上各具特色,数据库检索内容仍占主导地位,更应该侧重于信息管理、信息评价、信息利用、批判性思维等能力的培养,还应加强信息安全、信息道德等方面内容,缺乏数字素养、媒介素养、知识产权素养等专业技能课程,需要改进和加强逻辑性、体系化程度,以提升教学质量和效果。

3. 针对不同应用领域和需求开展有针对性的教学

针对不同的应用领域和不同的需求场景开展有针对性地教学。最具代表性的是潘燕桃教授的"信息素养通识教程:数字化生存的必修课",设计了生活、学习、工作场景下的信息检索教学。针对不同应用场景的信息素养教学能满足多元需求,具有科学性和合理性,覆盖范围广。[38] 但存在教学目标和内容分散、生活工作场景教学内容单薄、教师核心能力局限等问题。应加强面对不同教育层次需求、不同专业需求和特定人群的需求,设计不同的相应模块内容满足多元化需求。专注于科研领域的信息素养慕课更能体现内容聚焦和核心竞争力。因此,在信息素养慕课的设计中,需要权衡应用场景的多样性与教学内容的聚焦性,同时提升教师在不同场景下的教学能力,以确保课程质量和实效。

4. 信息素养教育与实际情景结合

将信息素养教育与实际情景结合发挥其更大优势。最具代表性的"信息素养:开启学术研究之门"慕课,将信息素养教育贯穿于论文写作的整个环节,从研究选题的确定、查阅大量文献资料、对信息进行筛选、管理、分析、撰写论文中利用获取的信息、到投稿与发表等。高校图书馆信息素养教育应加强大学师生的学习和科研场景的应用,重点培养学生的论文写作能力。

5. 教学内容以碎片化形式展现

信息素养慕课教学内容呈现碎片化。信息检索 MOOC 学习内容主要以微视频的方式呈现，媒体素材以短小精悍、趣味性强为特点，视频素材多以片段形式呈现，特别是电影素材的选取，大多数时间不超过 5 分钟。学习者可以根据自己的时间自主选择学习内容，满足随时随地的碎片化学习要求。

5.2 翻转课堂

5.2.1 翻转课堂概述

翻转课堂（the flipped classroom）也称为"颠倒课堂"或"反转课堂"，是一种新型教学模式。在这种模式下，教师将课堂内外的时间重新调整，将学习的决定权从教师转移给学生，转变教师角色及课程模式。在课前，教师创建或选择微教学视频供学生在家中或课外观看学习，学生可以根据自己的节奏和方式进行自主学习，观看视频讲座、听播客、阅读电子书等。在课堂上，学生可以更专注于主动的基于项目的学习，共同研究解决问题，从而获得更深层次的理解进而完成知识内化。教师则采用讲授法和协作法来满足学生的需要和促成他们的个性化学习，将更多的时间与学生进行个人交流，预先在课堂之外进行知识传递，在课堂上完成答疑解惑、获得个性化的指导。翻转课堂的核心在于利用信息技术，颠覆了传统课堂的教学模式。在翻转课堂中，教师知识的传授和学生学习知识的内化过程在时间和空间上发生了颠倒，学生通过自主学习和动手实践掌握所有知识，成为教与学整个过程的主体，转变了被动接受知识的角色。

早在 2007 年，美国科罗拉多州高中两名化学老师乔纳森·伯尔曼和亚伦，为解决缺课学生的补课问题，开始录制教学视频并附上讲解声音上传到网络。不久,他们开始大胆尝试让学生回家观看教学视频,课堂上进行问题辅导,帮助有困难的学生解决问题。他们发现这种教学模式教学效果非常好,而且学生很喜欢。2011 年,萨尔曼·可汗的一场演讲报告《用视频重新创造教育》,使翻转课堂成了教育界的焦点。翻转课堂基于信息技术发展,是信息技术与课堂教学深度整合的成果。在国外发展迅速,在我国部分地区如重庆市、南京市等地进行实验。翻转课堂在 2011 年被引进,2013 年 C20 慕课联盟成立,开启"慕课+翻转课堂"新模式。近几年来,翻转课堂在我国迅速扩展,成为教师和研究者的热点话题。翻转课堂注重学生的个性化自主学习,通过教学微视频在课外向学生传递新知识,课堂上则进行协作学习和实践练习等活动完成知识的内化。翻转课堂除了教学视频外,还强调师生面对面的互动时间,与老师和同学一起学习知识点。它并非通过视频取代教师,也不是在线课程或学生的无序学习,而是通过媒体进行互动,指导学生完成整个学习过程,不受地点限制。翻转课堂也作为增加学生和教师互动、个性化接触时间的手段,创造一个让学生对自己学习负责的环境。老师可以像家庭教师一样延续课堂内容,用于复习或补课。翻转课堂使所有学生都能积极参与学习,得到个性化教育,没有时空限制,并能获取更多资源,提高学习效率。[39]

翻转课堂在高校信息素养教育中具有诸多优点,如开放性使学生能够随时随地参加在线课堂学习,不受时间和空间限制,并免费观看教学过程回放;互动性,学生可以与教师和其他学生进行交流互动,分享观点,完成作业和考试。教师则可以使用各种教学平台综合评判学生的学习效率和学习效果,从而提高教学质量。翻转课堂的优点能增加学生参与度、提高自主学习能力和问题解决能力,使学习更具个性化。但是,翻转课堂也存在一些挑战,如保证学生自主学习的质量、有效组织课堂活动和平衡不同学生的学习进度等。

5.2.2 翻转课堂的特征

1. 重构教学流程

翻转课堂彻底改变了传统课堂的教学流程和结构。它要求学生在课前预习部分学习内容,从而节省了教师在课堂上的知识讲解时间。这不仅增加了学生思考和解决问题的机会,还显著提高了教学效果。特别是对于时间紧张、内容繁多的学科,翻转课堂的优势尤为明显。学生学习过程通常包括两个阶段:信息传递和吸收内化。在信息传递阶段,教师通过在线视频指导学生在课前学习;在吸收内化阶段,教师与学生互动,解决学生的学习困难,帮助学生巩固和提升知识。这种教学方式有助于提高学生的学习效果。

2. 转换角色

在翻转课堂中,师生的角色发生了根本性的变化。传统的"以教师为中心"和"以课程为中心"的教学观念被"以学生为中心"所取代。学生不再是被动听讲的观众,而是成为学习过程中的主角。教师则从主导者转变为引导者和协助者,为学生提供必要的支持和指导。

3. 自主性

在翻转课堂的教学模式中,学生在课前拥有更多的自由,可以自主安排学习时间,独立完成学习任务。这种自主学习的模式允许学生根据自己的实际情况进行多次反复学习,从而更深入地了解和掌握部分课堂学习内容。在课堂上,学生可以摆脱对教师知识讲授的依赖,通过小组讨论、交流和探究等自主活动,进行深入的信息认知和元认知活动。这种教学方式有助于提高学生的信息能力、学习能力和创造能力,进一步深化对知识的理解和掌握。

4. 微视频为主

翻转课堂的核心载体是微视频,这些视频通常较短,并且每个视频的教学内容都相对独立且完整。微视频注重知识的碎片化,使学生能够随时随地完成学习,不受时间和地点的限制。这种教学方式有助于提高学生的学习效率和效果。

5.2.3 杭州师范大学医学文献管理与信息分析翻转课堂案例

下面的医学文献管理与信息分析翻转课堂应用案例引用何立芳老师以杭州师范大学2017级临床医学专业硕士的"医学文献管理与信息分析"课程教学实践为例。

1. 课程情况

以杭州师范大学2017级临床医学专业硕士的"医学文献管理与信息分析"课程教学实践为例,探讨了在不同学习理论和教育学理论下教师和学生的角色分工,验证了翻转课堂的教学模型,重点研究了模型的合理性和存在的问题。该课程共有16课时,学生人数为70人。授课6课时,完成作业8课时,小组汇报2课时。整个实验周期为4周,每周4课时,除去第1周介绍课程情况外,2—4周都实现了翻转课堂教学的形式。

2. 教学设计

基于翻转课堂理念,以本杰明·布鲁姆的认知领域教学目标分类理论为依据,结合学习金字塔理论、ACRS学习动机理论以及同伴教学理论,分别从教师和学生两个层面构建课前、课中及课后的完整教学模型。在翻转课堂中,教师和学生在课前、课中及课后都有不同的任务。课前的教学准备工作由教师依据翻转课堂的教学理念进行的教学设计,单独设立一个环节。课中包含知识内化和拓展两个环节两个部分,翻转课堂教学模型如图5-1所示。

整个翻转课堂教学流程包括课前教学准备、课前知识学习、课中知识内化、课中知识拓展和课后知识巩固五个环节,除了课前教学准备,主要

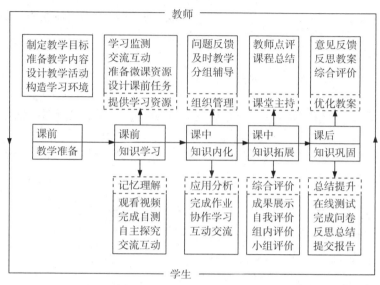

图 5-1 翻转课堂教学模型

由教师负责完成外，其他每个环节都从教师和学生角度进行教学设计。

  课前教学准备包括制定教学目标、准备教学内容、设计教学活动、构造学习环境四部分。教学目标依据认知领域教学目标分类理论，将传统教学中"识记、理解"难度较小的内容制作微视频上传平台，学生通过线上自主学习、与老师和同学交流完成；将"应用、分析、评价"难度大的教学目标放到课堂学习，得到教师更多指导与帮助。整个信息素养课程将数据库介绍、文献管理工具及思维导图等理解记忆为主的内容录制视频课前完成，课堂上教师指导参与研讨、协作交流、成果展示和做作业等。教学目标制定遵循"以学习为中心、以学定教"并紧密结合 ACRL《框架》，注重培养学生的信息道德、信息获取能力、信息管理能力、信息分析能力、分享协作能力以及解决问题的能力。教学内容的准备，包括各种数据库检索及追踪前沿信息、文献管理工具、各种信息分析工具定位核心文献、思维导图的应用和云端工具进行学术分享和协作，遵循学术规范。通过问卷调查，了解学生的信息素养现状以及对教学模式认识，增加课程导入，使学生适应新的教学方式。教学活动设计依据学习金字塔理论，进行分组讨论协作共同完成一项作业。成果展示环节检验学生知识运用能力和逻辑思维与表达能力。学习环境构造包括自主学习环境和课堂学习环境。自主学习环境通过本校的 MOOC 教学平台搭建，该平台具备教学内容上传、师生交流、在线测试与评价、学生信息管理、作业发放回收、问题讨论、学生成果展示以及通知发放等功能模块。[40] 课堂学习环境通过信息共享空间构建，配备有学习桌、科研常用软件的电脑、演讲台和投影音响等设备，旨在促进学习与交流。

课前知识学习阶段，在翻转课堂模式下，学生在教师的指导下自主观看微视频，完成课前任务单。教师则准备微视频资源、测试题目、设计学习任务单，监督线上学习，并通过平台与学生互动，及时解答问题。微课资源包括微视频和在线测试两部分，选用大学 MOOC 罗昭锋"文献管理与信息分析"部分课程内容，如思维导图及其在科研中的应用、搜索引擎与网络学习、中外文文献数据库等内容。在翻转课堂的课前任务中，学生带着任务观看视频学习新知识。教师通过学生提交的作业了解存在的问题。课堂上不再讲解新知识，而是集中时间进行问题反馈。课前任务单依据 ACRS 模型 4 个要素：A（注意）、R（相关性）、C（信心）、S（满足）来设计。[41]

在翻转课堂的课中阶段，重点是应用、分析、评价和创造知识。学生通过作业练习、小组项目和互动交流等活动，在教师的指导下完成知识的内化。教师需要对课前作业进行评测，反馈存在的问题，并针对共性问题进行讲评。在教学方法设计上，注重培养学生的独立思考和协作学习能力。常用的教学方法包括问题中心教学法和同伴教学法。研究显示，同伴教学能够促进概念理解、长时记忆，提高课堂满意度、印象深刻度以及参与度。

课后知识巩固阶段,教师需要制定小组评分标准、确定评分人选和课堂点评内容。学生则进行成果展示交流、自我评价、组内评价及小组评价活动。学习小组的评价维度包括检索课题、课题分析、检索工具、检索步骤、重点信息源、团队合作及课题总结等,分值比重为自我评分占10%,小组同伴评分占40%,教师评分占50%。为激励组长,组长分数比组员多5%,组员分数相同。

在翻转课堂的课后知识巩固阶段,学生需要完成在线测试、问卷调查、总结反思以及综合报告等作业。评价内容包括选题、检索、分析、管理等多个维度。教师需要完成意见反馈、反思教案及评价考核等活动。首先,教师应了解学生对课程的反馈意见。其次,反思教案,调整教学内容。最后,建立多元化的评价考核体系。对学生的最终评价包括课前在线测试、线上讨论、课前任务单、课中独立完成的作业、协作学习的表现、课堂上的表现以及综合报告几个方面。评价贯穿于课前、课中及课后整个过程,其中课前观看视频并完成课前任务占30%,课中练习占35%,综合报告占30%,在线讨论及课堂表现占5%。

3. 教学效果

为了解教学效果,本研究从教学效果、学习态度和教学方法3个维度进行调查。结果显示,大部分学生掌握了基本方法和常用科研软件,基本达到了教学目标,取得了较好的教学效果。学生对小组学习和翻转课堂教学方式持积极态度,但对同伴协作学习中存在的问题和作业负担表示担忧。

5.2.4 西安航空学院信息检索与利用翻转课堂应用案例

1. 教学对象和目标

西安航空学院图书馆将信息检索课纳入学分制考核体系,建设成面向全校本科生开设的教育通识必修课。该课程是一门考查课程,共16学时,

1个学分。教学模式采用线上线下混合式教学，线上教学 10 学时，线下课堂教学 6 学时。考核方式采用多元评价体系，综合线上学习记录、考勤、研讨、课堂教学情况、发言、期末检索报告等，形成了线上线下混合式信息检索课程教学模式，并建立多元的学生成绩考核体系。

教学目标：能够识别信息检索需求，提出有效检索方案；能够有效利用图书馆和网络资源，熟练使用各类检索工具获取信息；能够分析、鉴别和选择信息，有效利用信息；能够遵守学术规范，合理使用文献；能够有效管理信息，实现知识积累与创新。

2. 教学内容

课程教学内容如表 5-3 所示。

表 5-3　信息检索课教学内容

序号	教学内容	教学要求	学时	教学方法	
				课内	课后
1	信息素养与信息检索	能够识别信息检索需求，提升信息意识	2	讲授研讨	查阅文献完成作业
2	文献信息源	能够根据信息检索需求，选择文献信息源	2	线上学习	查阅文献完成作业
3	信息检索技术	能够根据解决问题需求，制定检索方案和检索策略	4	线上学习	查阅文献完成作业
4	信息检索工具与使用	能够熟练使用常用检索工具，有效获取信息	2	讲授研讨	查阅文献完成作业
5	学术写作与学术规范	能够有效阅读与利用信息，遵守学术规范，合理使用文献	4	线上学习	查阅文献完成作业
6	综合应用	能够有效管理信息，实现知识积累与创新	2	讲授研讨	查阅文献完成作业

3. 线上教学资源平台

根据翻转课堂在信息检索课学习平台的设计思想，依托学校购置的"超星学习通"教学平台为网上教学环境，上传本课程所有的教学课件、相关视频和辅助学习资料。通过该平台进行线上教学管理、讨论交流等。

4. 设计思想

翻转课堂以学生为中心，强调个性化自主学习的模式，利用教学微视频课外向学生传递新知识，在课堂开展协作学习、实践练习等学习活动。

（1）基于翻转课堂的混合式信息检索教学设计思想

信息检索教学改革采用"以学生为中心"的教育理念，运用互联网网上教学平台及合理利用现代化教学手段，线上理论教学，线下全实践教学的设计思路。课前学生学习线上理论知识；课堂教师讲解知识点，学生上机练习完成操作性较强实践内容。理论与实践并重，课堂实践项目根据线上理论知识点设计，将线上理论教学与课堂实践学习相融合，实现了翻转课堂，形成了系统的、操作性较强的信息素养课程授课体系，以提升教学效果及教学质量。教学采用线上案例教学、线下问题导向教学等多种教学手段激发学生的求知欲与探索心，把学生放在首位，来优化信息素养课程设计，建立以学生为主体的自主学习模式。[42]基于翻转课堂模式下的混合式信息素养教学设计思路如图5-2所示。

（2）线上案例教学设计方案

线上视频采用案例教学，教学团队系统性地设计教学内容，精心准备教学资源上传网络平台。改变传统课堂的在线化或以文献类型分类的内容体系框架组织教学，以信息素养的基本内容：信息意识、信息知识、信息能力（包含信息六种能力）和信息伦理等内容设计教学。根据本校的校情、学情，以学生的信息需求为主，精心选择综合性的案例组织教学。梳理课程内容，分解知识点，将知识点碎片化，录制微视频、添加动画、随

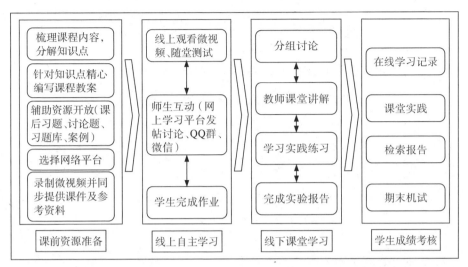

图 5-2 基于翻转课堂模式下的混合式信息素养教学设计思路

堂测试等,增添视频的互动性、趣味性,最后对视频剪辑处理。[43] 设计每个知识点微视频时,通过课题导入—案例教学(提出问题)—案例讲解(分析问题)—完成题目(解决问题)的思路设计。结合整个案例解决问题的过程,分析不同的解决方案使用的检索工具、所需时间、完成情况等,对比同一个问题解决方法不同,信息需求不同,使用检索工具不同,解决问题的效率也不同。通过解决问题的过程学习信息检索、获取信息、利用信息,提升解决问题的效率和基于信息解决问题的综合能力、基本素质。最后总结问题。案例的选取要贴近学习、生活中遇到的问题,题目选取要有一定的难度、深度,不能只是通过检索就可以解决的问题,而是需要经过思考、不断探究,反复地进行分析才能解决的问题,来培养学生主动思考,在探索的过程中解决问题的能力,从而引导学生主动参与教学活动。线上案例教学如图 5-3 所示。

(3)线下问题导向教学设计方案

课堂实践教学改变传统的"以教师课堂讲授,学生课后完成作业"的

> 任务：快速找出 Excel 表 8000 多个身份证号中的错误。
> 办法：1.两个人一组进行核对：10 个工作日，两周完成；
> 　　　2.OCR 文字识别：效率提高一倍，复印件不清楚，识别后错误率很高；
> 　　　3.朗读软件一个人核对：两周做完，可能存在错误；
> 　　　4.通过身份证规则写程序：学习编程一天搞定；
> 　　　5.寻找 Excel 校验文件：一分钟搞定。
> 结果：获取信息解决问题，可以大幅度提升解决问题的效率和质量。

图 5-3　快速找出 Excel 表 8000 多个身份证号中的错误

教学方式，教师从知识的传授者转变为学习的指导者，更多地跟学生进行互动和交流，充分调动学生学习的积极性。课堂实践项目依据线上理论知识点设计。课堂实践教学包括小组讨论、教师知识点讲解、学生完成实践项目任务，让学生带着问题去思考，探究式地学习、动手实践，课堂上完成操作性较强实践内容。教师根据学生的学习情况进行个别指导，指导学生掌握多种检索工具的应用，提高解决问题的能力，完成知识的内化。

（4）基于翻转课堂的混合式信息素养教学实施步骤

信息素养教学目标是培养具有敏锐的信息意识、扎实的信息知识、高超的检索技能、崇高的信息道德的综合性信息素质人才。在此目标的指导下，按照"课前线上理论学习—小组讨论—课堂讲解—学生实践—完成实验报告—完成检索报告"开展教学。[44]

5. 多元学生成绩考核评价体系

成绩考核体系由四部分组成：线上学习记录占 20%，课堂实践占 20%，检索报告占 20%，期末机试占 40%（见表 5-4）。线上学习记录包括学生在线观看微视频记录、随堂测验、线上讨论活跃度、在线作业完成情况；课堂实践包括分组讨论、课堂考勤和实验报告完成情况；检索报告包括检索课题、课题分析、检索过程、检索结果和检索心得五个方面，比例分别为10%、15%、15%、30%和30%；期末考试采用题库机试完成。通过多元学生成绩考核体系，激励学生积极讨论、主动参与课堂教学活动，引导学生自主学习、独立思考问题，培养学生理论联系实际解决问题的能力，达到最优教学效果。

表5-4 线上线下混合式信息素养成绩考核体系

组成部分	考核各指标占比					比例%
线上学习记录	观看微视频	随堂测验	线上讨论	在线作业	—	20
课堂实践	分组讨论	课堂考勤	实验报告	小组互评	—	20
检索报告	检索课题（10%）	课题分析（15%）	检索过程（15%）	检索结果（30%）	检索心得（30%）	20
期末机试	各章节知识点					40

6. 教学效果

西安航空学院图书馆通过6个学期的教学实践证明：翻转课堂的教学模式在很大程度上提高教学效果，提高学生自主学习能力。在新型教学模式下，学生可以自主规划学习时间和学习进度，根据学习遇到困难反复再现教学内容，满足学生自主化、个性化、灵活化的新型学习模式的需要。在考核方式上，增加学生在学习过程中的积极性、学习能力、活跃度、参与度等过程评价的分数比例，加强学习过程管理，加大过程考核成绩在课程总成绩中的比重，同时也增强了学生表现欲，增加师生间的互动交流。但还存在一些不足，部分自制力较差的学生不能及时赶上课程进度，需要教师及时追踪学生的学习进度，监督学习进度。

5.3 嵌入式信息素养教育

5.3.1 嵌入式信息素养教育的概念

"嵌入式"概念作为经济学研究的核心概念，用来解析经济行为与社会关系结构的嵌入关系，后来被广泛应用于多个领域。嵌入式信息素养教育最早起源于1959年韦恩州立大学开展的特色教学实验课程，将图书馆服务创新嵌入学生课堂。[45] 从此，图书馆开展服务模式创新有了新的理论依据，嵌入式教学、嵌入式信息素养教育、嵌入式馆员、嵌入式学科服务等概念应运而生。嵌入式信息素养教育是一种新的整合式教学模式，强调以用户为中心的创新理念，将图书馆服务有效地融入用户的教学科研实践过程中，在学习交流、学术对话中提供图书馆资源服务，满足用户的个性化需求。嵌入式信息素养教育是将信息素养教育的内容嵌入通识课程和专业课程的教学过程中，利用图书馆的信息资源融入专业知识，使学生能够在专业知识的学习过程中学习信息检索技能、信息知识、信息道德等基本内容，全方位培养学生利用专业知识分析信息、利用信息、管理信息、评价信息的综合信息素养能力。面向不同的群体，根据学科特点以及专业教师的需求，开展面向不同群体的、面向不同的阶段嵌入到不同学科的课程中，课程设计规划有明确的教学内容，相互不重叠，这种整合式教学模式有助于提高学生的检索能力，利用专业知识进行知识资源的检索、利用、管理、评价、创新，参与到学术研究对话过程中。

有学者提出把信息素养融入课程学习中是培养信息素养能力最有效的方式。2015年，ACRL发布的《高等教育信息素养框架》强调信息素养教育情境学习融入学生学术研究探究过程。2022年，清华大学将信息素质教育嵌入"工业工程概论"专业课教学，积极探索信息素养教育深度融入专业课程教学，促进概论类课程在学生专业引导和学习方法训练方面发挥更显著的作用，提升高校人才培养质量的新模式，提高学生综合能力。在 2023 年全国高校信息素质教育研讨会上，南方科技大学图书馆黄飞燕老师分享了"信息素养与学术写作的整合式教学设计"的创新实践，结合学生的需求和学科特点，将信息素养教学内容嵌入到"写作与交流"课程，在教学中发挥学生的主体作用。

5.3.2 以清华大学嵌入"工业工程概论"课为例

1. 教学时间、对象及目的

2022 年春季学期初，清华大学"工业工程概论"课程负责人邀请图书馆教学团队在课程中嵌入相关信息素养内容。本次信息素养嵌入重点是培养大一新生为教学对象。教学目的：积极探索信息素养教育深度融入专业课程教学，促进概论类课程在学生专业引导和学习方法训练方面发挥更显著的作用，提升高校人才培养质量的新模式，提高学生综合能力。

2. 教学嵌入内容

包括如何选题：从热点话题、感兴趣的主题、研究学者举例；如何找资料：以 WOS 和 CNKI 为例，演示如何快速获取高质量的有用信息；如何正确引用：介绍正确的引用方法及常用工具。

3. 教学设计

图书馆教学团队先通过前期的测试，初步了解学生的信息素养水平。然后经过多次讨论沟通，确定信息素养嵌入对象以及嵌入内容，培养大一新生找到自己感兴趣且可行的选题，使用适当的数据库和检索策略高效找到自己需要的信息，了解参考文献的正确引用，最终能够完成课程论文。图书馆团队精心设计嵌入方案、设计教学内容，最后完成 2 学时的授课。然后又全程参与制定评估课程量规、课程论文批改、课后问卷调查等环节，通过问卷调查，课程负责老师反馈本学期嵌入课效果[48]。

4. 考核方式

信息素养能力测评是一个难点，合作团队多次就作业的评价指标进行深入的切磋研讨，并参考"信息素养评估量表"最终制定信息素养、专业能力和写作表达各占一定比重的测评方案。

5. 教学效果

课程结束后，学生在论文选题、资料查找、写作及规范引用等多方面的能力均有所提升。在后续课程教学中，图书馆团队进一步调整、优化嵌入教学方案，持续提升教学效果。

5.3.3 以南方科技大学嵌入学术写作课程为例

1. 教学背景

写作能力和沟通能力是培养创新型人才的重要组成部分。国外顶尖高校普遍开设通识教育写作课，近几年以学术写作为主题的通识课程在中国高校兴起[46]。清华大学写作与沟通教学中心组建"中文通识写作课程虚拟教研室"（筹），现有成员单位14家，包括北京大学、南京大学、上海交通大学、南方科技大学等。南方科技大学是国内首家覆盖全校本科新生的通识写作必修课的高校。"写作与交流"是南方科技大学面向一年级本科生开设的"通识教育"特色课程。

2. 教学时间、对象及目的

自2018年秋季学期起，南方科技大学图书馆与人文中心开展合作教学，每学期为一年级本科生通识教育必修课"写作与交流"8个班级开展嵌入式信息素养教学。教学目的："信息素养"与"学术写作"双目标教学，教学实践探索集中在：整合式教学设计（一次性嵌入、全流程嵌入）、授课方式（线下授课、线上授课、翻转课堂）、教学前后能力测评等。

3. 学情与痛点分析

坚持以问题导向,进行学情与痛点分析;基于班额大,主题多,大小不一,定期调整;选题缺乏问题意识等问题,提出如何处理学生选题与文献检索的共性与个性问题,如何在三周文献检索的过程中初步形成论文选题方向。嵌入信息素养培训进写作课堂,培养学生文献调研与学术数据库的使用等搜索能力,将文献调研与学术选题深度融合,调动全员教师与教师之间、教师与学生间和学生与学生间合作全过程融合,从文献调研到综述再到选题,充分发挥学生主动性。通过选题意识的激发,从主题到学术选题,从检索技巧的培养到信息能力的提高,把时间、选择交给学生,让学生从被动变主动,在主动试错中培养学生的信息素养能力。

4. 教学设计

通过多年的信息素养与写作的整合式教学探索与实践,"写作与交流"嵌入式信息素养教学从以"教"为中心的传统理论课到以"自主学习"为主体的线上线下翻转的混合式教学模式;从一次性嵌入到全流程嵌入合作模式;从图书馆员不参与课程评分到参与课堂作业和期末论文评分,形成了以学生为中心、注重协作式学习、强调个性化辅导的教学模式。[47]

5. 考核方式

"写作与交流"课程的嵌入式信息素养教学通过直接和间接评价两方面对学习效果进行综合评价。直接评价从信息获取与利用(信息意识、信息查询与获取、信息评价、信息管理与利用、信息规范与安全)5个维度对嵌入式教学前后进行能力测评。间接评价由图书馆员依据信息素养能力和写作课老师依据写作能力各选3个维度相结合评分。

6. 教学效果

学生写作能力与信息素养能力均得到提高,学生在资源检索的基础上,能够较好地利用和整合信息以完成论文写作。

第6章

系列信息素养教育体系案例

6.1 清华大学双向度探索的信息素养教育体系

清华大学图书馆信息素养教育通过双向度探索高质量发展的信息素养教育体系，即从"图书馆信息素养教育"到"图书馆＋信息素养教育"的双向度探索。清华大学图书馆信息素养教育包括新生教育、课程教学的系统化学习、精细训练的培训讲座、自主学习加混合教学的 MOOC 在线学习、预约定制个性化嵌入式信息素养教育。

1. 分层教学，面向不同群体设计不同的课程内容

清华大学图书馆正式开设的信息素养教育基础课程共有 8 门，覆盖到本科生和研究生的必修课或选修课，包括主要面向大一新生的"图书馆概论"课，面向不同学科院系的"文献检索与利用"课（理工类、社科类、化学生物类），面向学术研究方向的"信息素养——学术研究的必备能力"课，以及为专业硕士开设"文献检索与论文写作"研究生学分课程，这些课程都围绕信息素养提升进行系统训练。面向的群体层次不同、需求不同，课程目标、课程内容和课程设计各具特色。专为低年级本科生开设的"图书馆概论"课程，目的是帮助学生深入了解现代图书馆的运作规律、资源整理过程，以及主要资源和服务，系统学习高效获取各类信息资源的技能，从而提高个人的信息素养。面向中、高年级本科生开设的"文献检索与利用"系列课程，主要目的是使学生了解文献检索的基础理论和基本知识，掌握各种检索工具与计算机检索系统利用的方法与技术，培养学生良好信息素养、掌握利用检索工具从海量文献信息源中有效获取信息的方法课。课程按学科信息资源特点分为化工、理工和社科三类。面向人文与社会科学及艺术专业本科生的"文献检索与工具书利用"课程介绍文献信息的基本概念、检索基本原理与方法技术、各种类型检索工具及因特网的基础与应用，重点讲解不同类型、不同载体工具书的基本特征、使用方法和评价标准。

"信息素养——学术研究的必备能力"通识课程，是国内高校首门以ACRL新框架为教学大纲的学分课程，也是MOOC在线课堂，整个教学设计贯穿了信息具有价值（兴趣、重要性及意义的导入）、信息创建的过程性（学术信息体系的建立）、探究式研究（研究流程的认知）、战略式搜索（检索思维与方法）、权威的构建性与情境性（信息评估意识与能力）、学术是一场对话（学术交流与学术规范）等开展学术研究工作的逻辑流程，重点面向志在走学术科研道路的同学，帮助同学系统掌握高效获取信息、利用信息提出问题、开启学术研究流程、开展学术研究的基本方法，帮助学习者在整个学术生涯中善于以批判性精神发现和利用信息，开阔学术视野，并将已有知识与学术和社会学习目标相融合，本课程同时适合本科阶段探究式学习。[48]

2. 围绕信息、资源、研究，开设不同专题培训讲座

专题培训讲座包括开始探索、学科资源、开题论文、经典资源、必备软件和数据分析6个专题。对于开始探索的新生开设新手上路，综合应用类专题培训；对于开始了解学科资源开设学科初探，专业资源类专题培训；对于着手写开题论文的群体开设开展研究，研究指南类专题讲座；对于掌握经典资源开设挖掘宝藏，常用资源类专题讲座；对于需要掌握必备工具软件开设工具助力，实用软件类专题讲座；对于需要进行数据分析的群体开设情报支持，数据分析类专题讲座。

3. 设置学科馆员，开展学科服务

1998 年开始实行学科馆员制度，是中国大学最早引入学科馆员制度的图书馆。全馆共约 20 名学科馆员，分散在总馆和各专业图书馆，服务全校 21 个学院、59 个系所，开展嵌入式信息素养教育。积极应对大学人才培养模式变革，设置书院馆员。

4. 嵌入迎新、嵌入课程信息素养教育

开设嵌入学院的迎新讲座，嵌入学科的嵌入式信息素养教育，包括土木系的科技论文写作与交流，工程物理系的工程物理概论，致理书院的生命科学交叉挑战讨论课，临床医学院的临床医学研究能力培养，公共管理学院的比较治理与发展研究。同时，可根据院系和课程需要进行预约和定制。

5. 开展专题信息素养教育，拓展和深化教育体系

清华大学图书馆开展专题信息素养教育，拓展知识产权信息素养教育体系探索实践。开展知识产权专题讲座，包括高校科研创新中的知识产权、专利检索的基本方法、如何从创新成果形成高质量专利、知识产权的基本类型及保护、中国专利申请基础知识、专利技术交底书撰写、专利审批流程和审查意见通知书答复、专利检索的基本方法、专利信息的利用及价值、"IP 达人"经验分享专场、从创品牌到成为百年老店——商标申请和保护策略概述等。

6. 清华大学图书馆信息素养教育的双向度探索

（1）"写作课+检索课"嵌入式教学

清华专门成立通识教育专题工作组，系统梳理构建新的通识选修课程体系，2018年建设独立教学机构"写作与沟通教学中心"，当年9月面向本科生一年级正式推出"写作与沟通"课，同时，创造了"为一门课成立一个中心"的清华历史纪录。

"写作与沟通"课程定位为非文学写作，偏向于逻辑性写作或说理写作，通过高挑战度的小班训练，提升学生的写作表达能力、提高沟通交流能力、培养逻辑思维和批判性思维能力、培养提出和解决问题的能力。秉持"无专业门槛，有学理深度"的通识理念开展读写思维训练，大量高效地搜集、处理、整合不同学科不同来源的文献资源是写作课训练的重要一环。图书馆与写作中心深度合作，为更有效地提升清华学生的信息素养和写作素养共同努力。

2021年11月4日，图书馆走进写作与沟通教学中心，共话"信息素养"，开展了"信息素养：徘徊在无足轻重与举足轻重之间的元素养"主题分享。2022年3月6日，图书馆在荷塘雨课堂进行了"助力写作的信息素养"专题讲座，介绍了信息素养的基本概念，以"中国知网"和"Web of Science"平台为例说明如何通过数据库进行高效精准的文献检索，并借助对气候变化这一概念的搜索过程展示了文献检索的基本过程与重要技巧。3月7日晚，图书馆又进行了检索案例教学，分别以医学研究中"重症肌无力"个案、作为学术概念的"内卷"为例进行文献挖掘的示范，以统计数据的检索和利用为主题进行了分享。随后为选修写作课的同学开放了一对一检索咨询窗口，以期从原理讲授到实践练习全方位提升学生的信息素养和检索能力。

2022年春季学期开始，图书馆将信息素养教育嵌入"写作与沟通"课程。图书馆和写作沟通中心联合举办"写作课+检索课"嵌入式教学复盘交流会，共同总结2022年春季学期嵌入课程情况，规划新一轮合作课程的实施方案。除延续春季学期的线上专题讲座、线下单独辅导等形式外，图书馆还将推出"写作与沟通"图书馆资源指南专题页面,为提升写作课学生的信息素养提供更有针对性的帮助。编写的《清华写作与沟通课教学案例集》,这本教材共收录了18个过程性的写作案例,每一个案例都完整地呈现了一篇习作从选题、写作、反馈到修改的全部思考过程,"理论篇"从不同角度分享了清华写作课的做法和理念,体现教与学全过程的具体案例,分享在教学中积累的思考和经验。

"写作与沟通"让学生在受教育的过程中获得广阔的成长空间,将知识付诸实践的能力。写作课至2023年已开课五年,连续三年每年开设超过220个16人小班课堂,高质量地完成了全覆盖的教学任务,截至目前,共有12000余位学生完成了课程学习。

(2)图书馆信息素养教育嵌入"工业工程概论"课程

2022年春季学期初,"工业工程概论"课程负责人邀请图书馆在课程中嵌入相关信息素养内容,以提高学生综合能力。图书馆高度重视,成立了由资深馆员以及年轻馆员组成的专门团队,期望通过本次合作,积极探索信息素养教育深度融入大学专业教育环节、提升高校人才培养质量的新模式。

课程规划,图书馆教学团队先通过前期的测试,初步了解学生的信息素养水平,之后经过多次讨论沟通,确定本次信息素养嵌入重点是培养大一新生找到自己感兴趣且可行的选题,使用适当的数据库和检索策略高效找到自己需要的信息,了解参考文献的正确引用,最终能够完成课程论文。

图书馆团队精心设计嵌入方案、设计教学内容,课程设计嵌入内容包括如何选题(从热点话题、感兴趣的主题、研究学者举例)、如何找资料(以 WOS 和 CNKI 为例,演示如何快速获取高质量的有用信息)、如何正确引用(介绍正确的引用方法及常用工具),最后完成2学时的授课。然后又全程参与制定评估课程量规、课程论文批改、课后问卷调查等环节,通过问卷调查，课程负责老师反馈本学期嵌入课效果。

清华大学图书馆信息素养教育全方位深度融合发展，构建了图书馆+信息素质教育体系，通过双向度探索，实现基本信息素养与通识课程结合、应用信息素养与专业课程结合、领域信息素养与知识产权等结合、创新信息素养与科研结合。

6.2 北京大学带班图书馆员信息素养教育体系

1. 服务背景

2018年，教育部《教育信息化2.0行动计划》目标任务明确提出的主要任务，持续推动信息技术与教育深度融合，促进两个方面水平提高。全面提升师生信息素养，推动从技术应用向能力素质拓展，使之具备良好的信息思维，适应信息社会发展的要求，应用信息技术解决教学、学习、生活中问题的能力成为必备的基本素质。信息素养全面提升行动要充分认识提升信息素养对于落实立德树人目标、培养创新人才的重要作用，实施有针对性的培养和培训。

北京大学图书馆信息素质教育的现有体系包括创立并持续维护品牌活动"一小时讲座"、设计开展定制化的院系专场讲座、开设全校通选课"信息资源的检索与利用"、组织信息检索大赛等活动、提供微视频、在线测评等自学途径、引入在线游戏创新教育形式。北大图书馆信息素质教育的现有服务体系存在的问题有活动的覆盖面和辐射面有限、服务对象的范围、数量以及服务效果等方面有一定的随机性和不确定性、部分活动为短时、一次性的活动，对用户的黏着力有待加强。

结合《北京大学图书馆2035年愿景与2019—2022年行动纲领》的愿景、使命及行动应变，提出"带班图书馆员"服务为代表全线融入学校发展规划，不断提升办馆格局和文化育人能力。重点实施用户伙伴关系构建、信息素质教育、信息文化培育等项目。

2. 服务设计与实施

首先对国内外个人图书馆员服务概况调研，提出北京大学图书馆"带班图书馆员"的服务框架与实践。

（1）服务定位

面向本科生的全覆盖、全程化、融入式、陪伴型的信息素质教育，通过为新生班级配备专属馆员，在大学四年的时间内持续向学生提供一对一的信息咨询和科研协助等，帮助学生提升信息素质与学术研究技能。北京大学图书馆秉承用户导向、服务至上的服务理念，坚持培育校园信息文化，提升用户信息素质的服务宗旨。服务对象聚焦于本科生，以大一新生作为切入点，大一到大四的全程陪伴，强调服务的连续性和持久性。

（2）服务覆盖面

2020年服务试点，服务北大10个院系26个班1136人。2021年扩大服务范围，实现对于北大校本部2021级本科院系的全覆盖。2022年服务全面铺开，实现对于北大校本部2022级所有本科新生班级的全覆盖。

（3）服务框架

服务团队通过跨部门协同合作，加强相关业务培训。团队组建过程，从2020年9月由协同服务中心负责项目试点，2021年6月在馆里的统一部署下，面向各个部门招募带班馆员，组建24人的跨部门服务团队；2022年团队共33人。团队能力建设，在馆员正式开始服务之前举办"带班图书馆员能力建设系列培训讲座"，内容涉及图书采访流程、中图分类法与图书排架规则、馆藏查检与借阅规则、特藏文献与古文献的收藏与利用、信息检索技巧等。团队分工，成员按照专业背景、工作经历等匹配相关的院系，各自负责不同的班级；但考虑到每位馆员都有自己的业务专长，当遇到某些特定任务时，采取协同合作的方式完成。以嵌入学生信息空间的服务方式，消除距离感。通过班会座谈、微信群在线交流、讲座、微信、邮箱等一对一解答、面对面咨询。以用户为中心，强调服务精准对接用户需求。开展新生入馆教育、推送图书馆资源和服务的最新动态、答疑解惑，协助查找资源、举办专场讲座、定期梳理并推送学科专业的常用学术资源列表等服务内容。建立服务台账，定期开展服务调查评估工作。[49]

3. 创新点

全程融入式的"带班图书馆员"服务体系有两个创新点：

一是与学生建立直接联系，使得服务直达每一位学生。带班馆员通过加入班级微信群或参加班会等方式拉近与学生的距离，确保学生在有需要的时候能够第一时间直接联系到馆员，有助于图书馆与学生形成稳定的联结关系。基于班级开展服务，有助于形成共同创造和分享知识的信息空间。

二是实施全程融入式信息素质教育，服务具有持续性与精准性。带班图书馆员从新生入学开始直至其毕业，在大学四年时间内主动融入用户的学习环境，针对他们在不同学业阶段的需求，不间断地提供信息素质教育。长期的跟踪和交流使得馆员可以更清楚地了解学生的需求，减少沟通成本，服务效益实现最大化。

4. 服务成效

经过2020年的试点到之后的全面铺开，2023年带班馆员服务已组建33人的服务团队，实现服务对于校本部2022级所有本科新生班级的全覆盖。截至2023年5月初，带班馆员共服务学生近7500人，在所有班级微信群发送万余条消息，解答学生疑问600余次，举办参观活动和带班讲座70余场，为学生的学习科研提供精准及时的帮助，服务受到广泛的欢迎和认可。

5. 经验与启示

信息素质教育应充分融入学校教学科研与人才培养环节,以用户需求为导向创新教育形式,切实增强教育的覆盖率与长效性,在学校人才培养体系中发挥重要作用。信息素质教育应充分融入学生的学习社区,以班级为中心的学习共同体为基础,建立共同创造和分享知识的信息空间。信息素质教育应充分融入学生的各个学业阶段,根据学业需求,分阶段开展针对性的培训、指导服务。

6.3 上海纽约大学 AI 时代的数据素养教育体系

1. 学校背景

上海纽约大学是经教育部批准,由华东师范大学和纽约大学合作创办,拥有独立法人资格和中外合作大学、纽约大学两个学术身份的学位授予资格,其肩负着服务中国高等教育改革发展、中美人文交流、浦东开发开放的三个社会使命。上海纽约大学是一所"以天下为己任,以世界为课堂"的大学。

2. 数据素养教育体系四个目标

上海纽约大学图书馆构建了数据素养教育体系,围绕数据素养培育,明确数据素养教育体系建设的四个目标为:

1)在教学和科研社区中,培养和建立数据文化,将其融入图书馆文化育人的工作中,发挥图书馆在教育领域的价值,促进社区成员对数据文化的认识和重视,进一步推动信息素养和终身学习的普及和发展。

2)深度参与专业课程教学内容设计,将数据服务与数据驱动的科研及数据赋能的学习相结合;嵌入科研工作流程,将数据素养教育融入科研生命周期和学科建设,发挥数据在科研、学习、实践与创造中的引擎作用，更好地利用数据资源，提高教育教学的质量，培养具备高度信息素养的人才。

3）鼓励用户深入思考数据使用的社会影响，培养他们的思辨意识和分辨能力，使用户能够更好地理解数据背后的复杂性和多样性，避免盲目使用数据带来的潜在风险，从而做出更加明智和负责任的决策。

4）建立校内外的数据使用者之间的联系，共同构建教学和科研共同体，共享资源、交流经验，共同推动数据文化和信息素养的发展。

3. 数据素养教育体系四个维度

上海纽约大学图书馆通过基础数据知识和技能、科研数据管理、数据驱动的研究和数据赋能的学习、人工智能时代的数据素养四个维度进行教育内容设计。

（1）基础数据知识和技能的培养

通过基础数据知识和技能的学习，培养数据素养能力：包括数据查找、数据评估、数据获取、数据处理、数据分析、数据可视化、数据引用、数据伦理等能力。实践探索内容包括：系列编程语言工作坊，如 Python、R、Stata、SQL 等；数据可视化系列工作坊，如 Tableau、数据可视化工具箱；网页端数据可视化系列工作坊，如 Python、R、JavaScript；文本挖掘工作坊，如 R 语言；商业智能挖掘工作坊和构建数据库管理系统原型，如使用 RSQLite 和 Shiny 应用；质性与定量文本分析方法与工具，如嵌入式教学。深度参与专业课程教学内容设计，在计算社会科学、数字历史学、计算商科等领域以预选课、共同授课、工作坊、讲座、论坛等形式，培养学生的数据知识和数据技能。

（2）科研数据管理

从科研数据管理维度，数据素养能力包含：数据存储、数据出版、数据重用、数据保存、数据伦理、数据安全等能力。实践探索内容包含：一对一咨询、敏感数据处理机房、Dataverse 数据仓库（测试环境）和中国开放数据汇聚平台操练。将数据素养嵌入科研工作流程，贯穿于科研数据整个生命周期、结合新型技术与方法探索多样化的数据素养教育。

（3）数据驱动的研究和数据赋能的学习

从数据驱动的研究和数据赋能的学习维度设计，数据素养能力包括：嵌入学科、强调应用、基于产业等能力。实践探索内容包含：在数字历史课程教学过程中，借助大语言模型探索历史数据，与专业课教师共同授课；在数字历史科研项目中，使用计算方法探索历史数据；在数据分析与商业计算研究生项目中，进行四周 R 语言线上训练营；在商学和经济学荣誉课程中，使用 Stata 和 R 语言做数据分析客座讲座；开展了计算社会科学系列讲座，负责主讲；主办了"社交媒体为社会"研讨会和"数据的千谎百计"系列讲座等，将数据服务与数据驱动的科研及数据赋能的学习相结合，融入科研生命周期和学科建设，充分发挥数据在科研、学习、实践与创造中的引擎作用。

（4）人工智能时代的数据素养

从人工智能时代的数据素养维度考虑，数据素养能力包括：计算思维和人工智能素养等能力。数据的生产、组织和管理贯穿人工智能应用的全流程，包括数据收集、清洗、模型训练等每一个阶段，并对人工智能应用的使用产生影响。实践探索内容包含：数字历史课程中借助大语言模型探索历史数据、大语言模型应用巡回演示、《机器与社会》科普平台、人工智能作画征集活动和"计算有余，创造无涯"生成式人工智能主题专家对谈等活动。

以人工智能为主题的数据素养教育首先通过"新图书馆"人工智能绘画比赛活动探察数据的生产与组织方式在人工智能应用中的作用，为包括 Stable Diffusion 在内的文字转图像模型提供菜单式、可视化界面；同时提供图形处理器作为本地算力资源并搭建一站式平台,供师生提交作品、学习交流,启发探索学习数据知识和培养数据技能。其次,在"计算有余,创造无涯"主题论坛会上,思辨对话,培养学生的价值观和构建知识体系,面向技术前沿、融合产业发展、展望科技创新。再次,在"如何应用大语言模型"巡回讲座中,以大语言模型工具促进数据素养教学,助力数据驱动的科研、走进社区、服务社会,演示评析如何使用、如何评估,应用开发,培养数据应用和数据技能。最后,以人工智能应用和数据驱动的科研为主线,建立《机器与社会》科普平台,汇智共享数据知识和应用,建立资源导航、梳理方法原理、总结科研进展、汇集行业动态、展示创意案例。

6.4 浙江大学支撑通识教育的泛信息素养体系

1. 背景与意义

2019 年浙江大学发布的《浙江大学通识教育白皮书》明确指出,学校将坚定不移地以立德树人为核心任务,全面推进通识教育,引导学生领略综合交叉的知识,培养具备全球发展的能力,涵养人文科学素质,并塑造奉献家国的人格。

通识教育是国内外高等教育重点关注的主题,是大学本科教育的核心和基础。通识教育理念强调学生的心智特质和品性的培养;而泛信息素养教育概念则是 2015 年 ACRL 发布了《高等教育信息素养框架》之后,学界重新定位信息素养教育,认为要融入教学、科研、学术过程中,与创新能力结合,在特定情境、需求、任务中,提升用户科研与创新能力。泛信息素养教育体系包含数据素养与能力、科研与学术素养、融合学科的信息伦理素养、工具素养、数字素养和知识产权素养等。通识教育和泛信息素养教育在教育理念、教育内容和教育形式上都高度吻合，共同达成培养用户有效思考、交流思想、合理判断与辨别价值的能力为目标。泛信息素养教育是开展通识教育有效途径，能更好地支撑与赋能通识教育。

国内高校图书馆信息素养教育对通识教育的支撑作用大多开设以信息资源和文献检索为重点的课程，仅有部分少数图书馆开设了数据素养类的课程，基本未深入通识教育的重心层面，多数为公选课和通识选修课。

2. 实践探索过程

（1）对中美10所高校通识教育课程前期调研

调研结果表明，10所代表性高校的通识教育课程设置都侧重于哲学、艺术和社会观察，鼓励学生超越学科界限，跨越国界和历史时代，探究新领域，发展知识兴趣的多样性。中国高校与美国高校通识课程的最大区别在于美国高校非常重视学生基本技能的培养，调研的5所美国高校都开设了写作与定量推理技能课程，而国内高校通识教育未开设基本技能的培育。学习基本技能是通识教育和泛信息素养教育的核心内容，是学生自主学习和终身学习的必备条件。

（2）构建支撑通识教育的泛信息素养教育体系

2008年，浙大成立了本科生院求是学院，负责基于通专跨培养模式下的低年级学生管理。目前浙江大学通识教育构建了前期大类培养和后期宽口径专业教育相结合、通专跨融合、四课堂融通的教育体系。未来浙大将以全人教育理念继续引领人才培养，将通识教育推向更高水平。强化4个课堂的衔接融通；打通课堂，使思政、通识教育、专业和文体等教育相互融合；大力推动"微辅修"课程项目，深化跨学科（专业）的课程改革，推动跨学科（专业）交叉课程的建设，增强课程内容的通专融合；重点推进工具类课程建设等；加快打造"学在浙大"教学平台，打造线上线下互动的新型学习空间[50]。

结合《浙江大学通识教育白皮书》和中美代表性大学通识教育课程体系，将现有的常规讲座及定制讲座内容模块化，重构支撑通识教育的泛信息素养教育体系。支撑通识教育的泛信息素养教育体系包括数据素养、写作素养、阅读素养、工具素养和知识产权素养五部分。数据素养包括数据获取、数据加工和管理（EXCEL、SPSS、Citespace 等数据分析软件）、数据利用和分享（数据出版、数据论文）、数据道德 4 个模块；写作素养围绕写作过程划分为前期对网络信息的甄别、利用数据库进行文献调研、在文献综述环节对文献的精炼与评估、文献标引与格式排版、学术规范 5 个模块；阅读素养包括阅读史、阅读方法、经典阅读和阅读分享 4 个模块；工具素养包括学习工具（WORD、EXCEL、PPT）、媒体工具（Premiere、PS、AE）和文献管理工具（Noteexpress、Endnote）3 个模块；知识产权素养包括专利基本概念、专利申请文件撰写、专利审查意见答复、申请国际专利和专利检索 5 个模块。

（3）教育形式

开展针对低年级本科生的定制讲座作为补充形式（课程论文写作、工具应用、假新闻鉴别等主题）；建立学生创新工作室，开展以实践为导向以本科生为创作主体的培训；组织面向大一新生的通识教育活动（新生直播间、微视频）；开设或嵌入通识类或基础类课程。

（4）实现路径

发挥第二课堂作用，与本科生院合作，完成规定教学任务可获得第二课堂加分或综合素质加分；将服务下沉至学生社区，在求是学院设立"图乐知"等各类文化空间，开展文化活动；充分利用"学在浙大"虚拟网络学习平台，以其作为通识教育的线上阵地。

3. 创新点

泛信息素养教育与学校通识教育已充分对接，重新规划泛信息素养教育的内容、形式与实现路径。改革后的泛信息素养教育不断深入至学校的通识教育的核心层面，通过活泼多样的形式与路径，多维度全方位地培育大学生有效思考、交流思想、合理判断与辨别价值的能力。

4. 成效

本科生通识教育定制讲座参与学生945人；参加"悦空间"等学生社区教学活动477人；实现第二课堂加分或综合素质加分共89人；参与"学在浙大"平台学习课程1500余人次，参加学生创新工作室共40人。

5. 经验与启示

1）图书馆的信息素养教育要和学校卓越人才培养同频共振，目前将信息素养教育融入专业课程的理论和实践探索已成熟，在融入通识教育方面，信息素养还有非常大的发挥空间和潜能。学习技能（学术写作、定量推理）在美国常春藤大学的通识教育体系中占据首席地位，在我国受重视程度欠缺，信息素养教育应当在学习技能、经典阅读、工具素养等方面加强对通识教育的赋能。

2）加强与本科生院的联系与合作，维持可持续的长期合作项目，在学生社区打造通识教育名牌基地。例如与云峰学园合作的信息素养课程，这类长期项目对通识教育的赋能非常重要。一方面，通识教育本身需要长期项目促进教育的延续性，增加影响力；另一方面，为信息素养自身的长远发展及教学团队的建设奠定了稳固的基础。

3）改革后的泛信息素养体系实践处于探索阶段，尚未成熟和完善。例如信息素养嵌入通识类或基础类大课较为零散，没有形成一定的规模；开展有关阅读素养类的活动主要局限于文化活动范畴，信息素养教育可以联手文化建设部门共同推进通识教育中的经典阅读；对学术写作能力的培育还停留在讲座的形式，今后计划加强与学校写作中心的合作，融入其教学与活动，设立写作咨询中心等等。

6.5 西安交通大学面向知识产权信息素养体系

1. 案例背景

习近平总书记在党的十九大报告中指出，要"倡导创新文化，强化知识产权创造、保护、运用"。2020年，教育部国家知识产权局文件提出：全面提升高校专利创造质量、运用效益、管理水平和服务能力。

西安交通大学高校国家知识产权信息服务中心成立于2019年3月，是首批23家服务中心之一。目标是为知识产权创造、运用、保护和管理提供知识产权信息服务，立足高校，服务地方。2003年，成为首批教育部科技查新工作站之一。2018年，成立西安交通大学高校知识产权信息服务中心。2019年，成为首批23所高校国家知识产权信息服务中心之一。2022年，成为首批陕西省专利导航服务基地之一。

从2019年中心成立，知识产权信息素养教育每年举办知识产权周活动。活动期间，以主题讲座的形式连续推出多场专利知识讲座，包括馆员和邀请的专利代理人、专利信息咨询师等各方面专家作为主讲人。通过发放需求调查问卷的方式对反馈结果进行分析，学生对知识产权创造相关知识需求大，进行体系化的专利信息素养教育是有必要的。具备开课条件包括学生对知识产权创造系统性的知识有需求；馆员有专利培训经验、参加教师教学培训的基础；同时，有政策保障和图书馆教育职能的外部保障。为了使信息素养教育工作得以常态化和体系化，2021年开设了面向研究生的"专利实务"选修课，拓展了信息素养服务的广度和深度。

2. 案例实施

课程对象针对研究生的知识产权链条创造；课程目标为提升研究生技术创新以及专利产出时必备的专利意识和专利信息素养；课程主题聚焦专

利创造的全流程知识点，主要涉及专利基础知识、专利检索、专利撰写以及专利布局、上机实践等。图书馆员利用自身的专业知识和实践经验为学生提供教学和指导，不仅丰富了图书馆员的角色，也拓展了图书馆的教育职能，图书馆员兼职教学。

教学内容上注重融合，专利课程讲授过程中需要融合专利、技术、法律和市场等领域的跨学科知识，帮助学生更全面地理解专利的规则和意义。教学方式上注重实践，引导学生分析和讨论真实案例，以某个技术主题为例引导学生探索和实践专利检索思路、分析方法，以理论与实践相结合，提高学生解决实际问题的能力。

通过小组学习法（Group Study Study），指导学生组成小组共同完成专利分析任务，通过合理分工，发挥各自优势展开分析实践，提升学生专利分析能力和实践能力的同时，增强团队协作水平。通过多方合作进行教学培训，专利实务课程涉及领域和知识点广泛，邀请学院专家、专利代理人、专利发明人等不同领域的专业人士给馆员教师进行培训，分享教学经验和实际案例。馆员教师将这些培训内容与自身经验相结合，提升课程的实用性和丰富性。课程高度重视学生的反馈意见。每次课程结束后收集学生意见和建议，下一次课程的内容将根据收集到的建议进行调整和优化，强化课程评价闭环。

3. 工作成效

学生了解专利体系，提升专利保护意识和风险防范意识；通过生动案例拓宽视野，激发学生的创新意识和兴趣；通过实践检索、分析、申请和撰写专利，提升专利信息素养。

馆员教师凸显了馆员作为教师的职能，传播知识；提升了自身教学技巧和教学能力，体现了较高的专业素质；馆员教学与专业教学相辅相成，互相促进，拓展了馆员服务科研的广度。

图书馆鼓舞馆员在信息素养方面进一步探索和思考；扩大图书馆服务范围和影响力；提升图书馆服务在学校中的可见性和知名度；做好教学和服务的双支撑，助力高校创新人才培养和高价值专利培育。

4. 工作计划

提升协作性，授课内容由 3 名馆员协作完成，在保证系统性和层次性的授课内容的基础上，进一步提升馆员角色授课风格和教学方式的协调性。

提升实用性和丰富性，邀请学院教师分享自身专利案例，以自身实践提升课程的实用性，同时，增加新媒体技术的融入，增加课程的丰富性。

课程内容学科化，不同领域专利的撰写、检索有差异，针对性地为不同专业开设专利实务课，教学案例、实践更为具有针对性。

加强教师队伍建设，高水平的教师团队才能提供高质量的教学，开展馆员教师的体系化培养，组建专业的专利教研团队。

参考文献

[1] MACKEY TP, JACOBSON TE. Reframing Information Literacy as a Metaliteracy [J]. College & research libraries, 2011,72（1）: 62-78.

[2] 赵烨,陈辉,邹聪,等.基于元素养学习者角色模型的研究生信息素养教学实践探索 [J]. 大学图书情报学刊, 2023,41（04）: 106-111.

[3] 胡赛,张文勇. 美国高校元素养培养实践及对我国信息素养教育的启示 [J]. 图书馆, 2018（8）: 75-79.

[4] 陈增强. 元素养内涵发展研究与展望 [J]. 图书馆界, 2021（2）: 1-5.

[5] International Federation of Library Associations and Institutions. Alexandra Proclamation on Information Literacy and Lifelong Learning[EB/OL].[2020-05-02]. https://www.ifla.org/publications/bea-cons-of-the-information-society-the-alexandria-procla-mation-on-information-literacy.

[6] 黄如花,黄雨婷. 全球数字素养与技能提升:国际图联的贡献 [J]. 情报资料工作, 2022,43（02）: 22-28.

[7] 吴瑾,王宇,孙鹏,等. 数智时代背景下信息素质教育变革与发展——2023年全国高校信息素质教育研讨会综述 [J]. 大学图书馆学报, 2023,41（06）: 56-62.

[8] 个人图书馆. 原来这才叫"批判性思维"（醒脑）[EB/OL].[2020-04-30]. http://www.360doc.com/content/20/0430/22/773384_909509621.shtml.

[9] BODI S. Critical Thinking and Bibliographic Instruction: The Relationship [J]. Journal of Academic Librarianship, 1988,14（3）: 150-153.

[10] 徐苑琳. 批判性信息素养:源起、发展和思考 [J]. 图书馆建设, 2020（01）: 118-125.

参考文献

[11] 中华人民共和国教育部. 高等学校数字校园建设规范[EB/OL]. [2021-03-26]. http://www.moe.gov.cn/jyb_xwfb/gzdt_gzdt/s5987/202103/t20210326_522685.html?eqid=85fce5160008b9a500000004643362b3.

[12] 习近平. 在中国科学院第二十次院士大会、中国工程院第十五次院士大会、中国科协第十次全国代表大会上的讲话[EB/OL]. [2021-05-28]. https://www.ccps.gov.cn/xxsxk/zyls/202105/t20210529_148977.shtml?eqid=b100db390011b6fc0000000364859bd6.

[13] 李志国. 基于批判性思维的信息素养培养策略[J]. 华北水利水电大学学报(社会科学版), 2023, 39(01): 89-94.

[14] 李卓卓, 苗淼儿, 张康. 在信息素养教育中培养批判思维——国外高校图书馆的调查与经验借鉴[J]. 情报资料工作, 2022, 43(04): 103-112.

[15] 姜颖, 陆广琦. 国外高校信息素养教育规划分析与启示[J]. 图书馆建设, 2021(05): 162-170+176.

[16] 吴瑾, 胡永强, 薛佳. 全国高校图书馆信息素养教育现状调查研究[J]. 图书馆学刊, 2022, 44(11): 18-25.

[17] 郑晓红, 郭妍, 么雅慧. 基于新环境的高校信息素养教育模式研究[J]. 河南图书馆学刊, 2017, 37(02): 124-125+131.

[18] 吴慧华. 高校信息素养教育理论与实践研究[M]. 北京: 科学出版社, 2017.

[19] 耿德炎. 高校信息素养教育的变迁与展望[J]. 河南教育(高教), 2018(10): 29-32.

[20] 钱彩平. 嵌入式信息素养教育的内涵、特性与实践模式研究[J]. 图书馆学研究, 2020(14): 19-24+10.

[21] 钟涵宇. 辽宁地区本科院校图书馆在线信息素养教育研究[D]. 沈阳: 辽宁大学, 2021.

[22] 张晴, 丁春梅. "互联网+"背景下高校图书馆信息素养教育的实现路径探析[J]. 河南图书馆学刊, 2020, 40(03): 57-58.

[23] 王子璇. 安徽高校图书馆在线信息素养教育调查与分析[D]. 合肥: 安徽大学, 2022.

[24] 多名教师参加2023年全国高校信息素质教育研讨会[EB/OL]. [2023-9-28].

https://lib.ujs.edu.cn/info/1130/18058.htm.

[25] 西晶. 高校图书馆信息素养教育成效评价研究[D]. 天津: 天津工业大学, 2020.

[26] 周建芳, 张俊慧, 沙玉萍, 等. 信息素养与信息检索[M]. 北京: 科学出版社, 2021.

[27] CO-OPERATIONOFE, DEVELOPMENT. Definition and selection of key competencies: executive summary[Z]. Paris; OECD. 2005: 19.

[28] LAWN, WOOD, DELA TORRE J, WONG K. A global framework of reference on digital literacy skills for indicator 4.4.2[J]. 2018.

[29] LONGD, MAGERKO B. What is AI Literacy? Competencies and Design Considerations; proceedings of the Conference on Human Factors in Computing Systems-Proceedings C7-3376727, F, 2020[C]. Association for Computing Machinery.

[30] 人工智能素养: 保证个体在新时代核心竞争力的关键[EB/OL]. [2022-05-01]. https://www.sohu.com/a/543038407_121292768.

[31] 蔡迎春, 张静蓓, 虞晨琳, 等. 数智时代的人工智能素养: 内涵、框架与实施路径[J/OL]. 中国图书馆学报, 1-17[2024-03-24].

[32] CETINDAMAR D, KITTO K, WU M, et al. Explicating AI Literacy of Employees at Digital Workplaces[J]. IEEE Trans Eng Manage, 2022.

[33] CSDN. 沟通的重要工具——乔哈里视窗[EB/OL]. [2019-12-29]. https://blog.csdn.net/lsgqjh/article/details/103756900.

[34] 李树青. 互联网学术信息检索[EB/OL]. [2024-02-20]. https://www.icourse163.org/learn/NJUE-1207510803?tid=1472147484#/learn/content?type=detail&id=1257692252.

[35] 人民网."慕课"挑战传统教学[EB/OL]. [2013-11-05]. http://edu.people.com.cn/n/2013/1105/c1053-23438449.html.

[36] 杨海平, 姚凯波. MOOC与中国高等教育变革研究[M]. 南京: 南京大学出版社, 2019.

[37] 陈晓红. 大数据时代的信息素养教育理论与实践[M]. 成都: 西南交通大学

出版社，2017.

[38] 严丹. 高校信息素养慕课的教学设计分析及优化策略研究[J]. 图书馆学研究，2021（08）：15-23.

[39] 申伟英. 翻转课堂任我飞[M]. 上海：上海教育出版社，2019.

[40] 王海艳，季敏婷，张成龙. 基于ARCS理论的翻转课堂课前任务布置模型设计[J]. 中国教育技术装备，2014（22）：59-60.

[41] 何立芳. 翻转课堂教学模型及其在信息素养教育中的实证研究[J]. 图书情报工作，2018,62（17）：53-59.

[42] 严萍昌. 高校"形势与政策"线上线下混合式"金课"建设[J]. 社会科学家，2020（3）：150-155.

[43] 任静，曹敬馨. MOOC环境下计算机文化基础课程建设探究[J]. 微型电脑应用，2019,35（2）：27-29.

[44] 王倩丽. 基于混合模式案例问题导向下的信息素养教学实践探究[J]. 知识经济，2022,616（16）：158-160.

[45] KNAPP P B, OTHERS A. An Experiment in Coordination Between Teaching and Library Staff for Changing Student Use of University Library Resources [J]. International Journal of Dermatology, 1963,21（4）：208-215.

[46] 王沛楠. 跨越现象的白描：通识写作教学中的问题意识培养[J]. 写作，2021,41（04）：106-111.

[47] 张依兮，杨莉，黄飞燕. 面向本科新生通识写作课的嵌入式教学实践探索——以南方科技大学图书馆为例[J]. 农业图书情报学报，2023,35（08）：98-107.

[48] 韩丽风，王媛，曾晓牧，等. 面向高质量本科人才培养的信息素养教育创新探索——以清华大学图书馆实践为例[J]. 大学图书馆学报，2023,41（05）：62-68.

[49] 刘雅琼，张春红. 个人图书馆员服务的探索与创新——以北京大学图书馆"带班图书馆员"服务为例[J]. 大学图书馆学报，2023,41（03）：73-78.

[50] 邵博云，沈利华，何晓薇. 泛信息素养教育支撑高校通识教育的实践探索及体系建设[J]. 图书馆杂志，2023,42（07）：110-117.